청소년을 위한 심리학 에세이

고영건·김진영 교수가 쉽게 풀어쓴 심리학 교과서

청소년을 위한

심리학
에세이

고영건 지음 | 고려대학교 심리학부 교수
김진영 지음 | 서울여자대학교 아동학과 교수

해냄

지구상에서 결코 사라지지 않을 직업

지금 이 책을 읽고 있는 청소년이라면 아마도 심리학에 어느 정도는 관심을 갖고 있을 것이다. 그렇다면 여러분의 심리학적 통찰력을 테스트해 볼 수 있는 질문을 해보겠다. 가벼운 마음으로 한번 도전해 보기 바란다.

흔히 21세기를 '4차 산업혁명 시대'라고 부른다. 4차 산업혁명은 인공지능(이하 AI)을 중심으로 한 과학기술이 인류 사회의 모습을 근원적으로 변화시키는 것을 말한다. AI를 비롯한 과학기술의 발전은 미래의 직업 세계에 중요한 영향을 미치게 될 것이다.

18세기 중반 영국에서 일어난 1차 산업혁명은 직업 세계에 커다란 영향을 주었다. 증기기관을 활용한 기계가 점차 인간의 노동력을 대체하게 된 것이다. 당시에 기계와의 경쟁에서 패배한 수공업자들은 실업자가 되거나 낮은 임금을 받고 공장에서 일하는 신세가 되었다. 이에 격분한 수공업자들은 기계를 닥치는 대로 파괴하는 폭동을 일으켰다. 이것이 바로

'러다이트 운동(Luddite Movement, 1811~1817)'이다. 4차 산업혁명 역시 1차 산업혁명처럼 미래의 직업 세계에 커다란 영향을 주게 될 것이다.

4차 산업혁명이 미래의 직업에 미칠 영향

영국 옥스퍼드 대학교의 칼 프레이(Carl B. Frey) 교수와 마이클 오스본(Michael Osborne) 교수는 고용의 미래 문제를 다룬 보고서에서 21세기 초에 존재했던 직업의 거의 절반 정도가 사라지게 될 것이라고 예측했다.[1] 두 교수는 현재의 직업들이 장차 AI를 중심으로 한 컴퓨터 및 로봇 기술로 대체될 가능성을 조사한 후, 702개의 직업들을 '과거직업지수'로 나타냈다. 이 지수에서 미래에 사라질 가능성이 큰 직업들은 1에 가까운 숫자로, 미래에도 살아남을 가능성이 큰 직업들은 0에 가까운 숫자로 표시된다. 예를 들어, 과거직업지수가 0.99인 직업은 미래에 사라질 가능성이 99퍼센트라고 해석할 수 있다.

그림1 미래에 사라질 직업들

그림 1은 그 보고서의 결과를 나타낸 것이다. 그림 1의 오른쪽 가장 상단에 있는 직업인 시계 수리공은 미래에 사라질 가능성이 99퍼센트로 나타났다. 시계 수리공을 기준으로 왼쪽 아래 대각선 방향으로 계속 따라 내려가다 보면, 미래에도 사라지지 않고 남아 있을 직업들이 나타난다. 그렇다면 과연 미래에도 사라지지 않고 남아 있을 대표적인 직업이 무엇일까? 정답을 확인하기 전에 먼저 답해 보기 바란다.

AI가 대체할 수 없는 대표적인 직업은?

그 답은 바로 그림 2에 나와있다. 옥스퍼드 대학교의 보고서에 따르면, 미래에도 사라지지 않고 남아 있을 대표적인 직업은 바로 의사와 심리학자다. 아마도 심리학적 감각이 있는 청소년이라면 답에 심리학자가 포함되어 있을 것이라고 어느 정도는 짐작했을 것이다.

어쩌면 의사와 심리학자의 역할 역시 미래에는 AI로 대체될 수 있을지 모른다는 인상을 받는 사람도 있을 것이다. 하지만 일부 수술의 경우 인간보다는 로봇이 더 잘해낼 수도 있겠지만 인간의 생명에 영향을 주는 의사 결정을 전적으로 AI에게 맡기기는 어려울 것이다. 또 AI를 활용한 알고리즘이 적성에 맞는 직업을 추천하거나 삶의 질을 높일 방법을 제시해 줄 수는 있어도, 우리 삶에 중요한 영향을 주는 의사 결정을 전적으로 AI에게 맡기기는 어렵다.

이처럼 의사와 심리학자는 AI로 대체될 수 없는 일을 하는 대표적인 직업에 해당된다. 바로 그렇기 때문에 이들은 지구상에서 인간이 사라지지 않는 한 끝까지 남아 있을 수밖에 없는 대표적인 직업들이라고 할 수 있다.

만약 옥스퍼드 대학교의 보고서 내용, 즉 심리학자가 미래에도 사라지

그림 2 미래에 사라지지 않을 직업들

지 않고 남아 있을 대표적인 직업이라는 점이 의아하게 생각된다면, 이 책을 읽기 시작한 일이 청소년 여러분의 인생에서 탁월한 선택 중 하나가 될 것이다. 이 책을 찬찬히 읽는다면 그러한 의문을 해결하는 데 도움이 될 것이기 때문이다.

인간을 대체할 수 없는 영역

"과연 AI는 인간처럼 생각할 수 있을까?" 컴퓨터 과학자 에츠허르 비버 다이크스트러(Edsger Wybe Dijkstra)에 따르면, 이러한 질문은 잠수함이 수영을 할 수 있는지 묻는 것만큼이나 무의미한 것이다.[2]

만약 주어진 문제들을 빨리, 그리고 많이 풀어내는 것을 기준으로 한다면, 아마도 인간은 AI를 결코 따라잡을 수 없을 것이다. 하지만 'AI에게 인간과 같은 지적 능력이 있는가?'라는 물음은 지능을 어떻게 정의하느냐에 따라 대답이 달라질 수 있다. 지능을 단순히 문제를 푸는 능력으로 정의한다면 AI는 지적 능력이 있다고 말할 수 있다. 하지만 지능을 '적응을 목적으로 자신의 문제를 주체적이고 자신이 선호하는 방향으로 해결해 나가는 능력'이라고 정의하면, AI가 지능을 갖추고 있다고 평가하기는 어렵다.[3]

물론, 겉으로 보기에는 AI가 인간과 비슷한 방식으로 선호도 판단을 하고 사고를 하며 문제를 푸는 것 같은 인상을 줄 수도 있다. 하지만 AI의 기능과 인간의 사고가 유사해 보인다고 해서 실제로 그 둘이 동일한 의미를 갖는 것은 아니다. 그 둘 사이에는 경험의 차이가 존재하기 때문이다.

사실, AI는 주체적으로 자신의 문제를 선택하는 것이 아니라, 인간이 부과한 문제를 기계적으로 푸는 것일 뿐이다. 잠수함이 수영을 하는 것이 아니라 단지 운항을 하는 것일 뿐인 것처럼, AI도 인간처럼 문제를 푸는 경험을 하는 것이 아니라 문제에 대한 답을 기계적으로 산출해낼 뿐이다. 이처럼 AI는 인간적인 경험을 할 수 있는 존재가 아니기 때문에 감정에 기초한 선호도 판단을 할 수 없다. 겉으로 보기에 AI가 특정 방향을 계속 선택한다 하더라도 그것은 기계적인 절차에 따른 결정일 뿐이지 감정적 선호에 기초한 판단이라고 할 수 없다.

AI는 결코 인간과 같은 주체적인 경험을 할 수가 없다. 따라서 아무리 4차 산업혁명이 더 진전되더라도 AI가 인간적인 경험이 중시되는 영역을 대체할 수는 없을 것이다. 심리학은 인간적인 경험을 다루는 대표적인 학문이다. 이것이 바로 심리학자가 AI로 대체될 수 없는 일을 하는 대표적인 직업으로 손꼽히는 비결이다.

기본적으로 이 책은 청소년을 위한 심리학 입문서다. 이 책의 목적은 청소년들이 궁금해할 만한 인간의 마음과 행동 문제에 대해 심리학적 해답을 제시하는 데 있다.

물론, 이 책이 인간의 마음과 행동에 대해 청소년들이 가지고 있는 궁금증을 모두 해결해 줄 수는 없을 것이다. 그래도 지적 호기심을 어느 정도는 채워줄 수 있으리라 생각한다.

이 책을 읽는다고 해서 행복한 삶이 보장되지는 않는다. 하지만 살면서 부딪칠 수많은 고민들에 대해 심리학적 조언을 얻을 수는 있을 것이다. 부디 이 책을 통해서 많은 청소년들이 심리학의 세계에 성공적으로 첫발을 내디딜 수 있기를 바란다.

2023년 12월

고영건·김진영

차례

2장 정서·인지·행동의 비밀을 찾아서

3장 나와 남의 성격 이해하기

4장 인간은 사회적 동물

5장 마음과 행동에 치료가 필요할 때

1장
심리학이란 무엇인가?

역사적으로 심리학은 생리, 정서, 인지, 성격, 사회적 행동 등 다양한 분야에 걸쳐 경험적 자료에 기초해 인간에 대한 종합적인 이해를 도모해 왔다. 2022년 11월에 공개된 '대화 전문 인공지능 챗봇'인 'ChatGPT(Generative Pre-trained Transformer)'의 등장은 앞으로 '인간에 대한 이해'가 더욱더 중요해질 것이라는 점을 예고한다. 이에 따라 향후 전 세계적으로 심리학에 대한 관심은 더욱 고조될 것으로 보인다. 1장에서는 먼저 심리학의 역사에 대해 살펴본 후, 심리학에 대한 오해와 진실, 그리고 심리학자들이 하는 일들에 대해 살펴보도록 하겠다.

1

심리학의 아버지는 누구일까?

출생 연도가 분명한 심리학

의학의 아버지는 히포크라테스(Hippocrates), 수학의 아버지는 피타고라스(Pythagoras), 역사학의 아버지는 헤로도토스(Herodotus)다. 그렇다면 심리학의 아버지는 누구일까? 바로 독일의 심리학자 겸 철학자, 생리학자 빌헬름 분트(Wilhelm M. Wundt, 1832~1920)다.

심리학은 인간의 마음과 행동을 탐구하는 학문이다. 그런데 심리학에는 독특한 특징이 있다. 바로 '출생 연도'가 분명하다는 점이다. 1879년에 빌헬름 분트가 라이프치히 대학교에 실험심리학 연구실을 만든 것이 심리학의 첫걸음이었다.[1]

단, 공식적으로 심리학 연구실이 등록된 것은 1879년이지만, 빌헬름 분트는 1873년에 『생리심리학의 원리(*Principles of Physiological*

Psychology)』라는 책을 집필했고,[2] 1875년 라이프치히 대학교에 부임하던 해부터 심리학 강의를 진행했다.

독일의 심리학자 헤르만 에빙하우스(Hermann Ebbinghaus, 1850~1909)에 따르면, "심리학은 오랜 과거를 가지고 있지만 짧은 역사를 지녔다."[3] 심리학은 다른 학문들에 비해 비교적 늦은 시기인 19세기 후반에 탄생했다. 하지만 심리학자(psychologist)가 등장하기 오래전부터 의사(physician), 철학자(philosopher), 극작가(playwright) 등 영어 철자가 'p'로 시작하는 공통점을 갖고 있는 많은 전문가들이 인간의 마음과 행동에 관해 흥미로운 제안들을 했다.

기원전 4세기에 히포크라테스가 성격유형론을 주장했던 것이 그 좋은 예다.[4] 그는 인간의 성격을 기질에 따라 열정형(담즙질), 사교형(다혈질), 현실형(흑담즙질), 온유형(점액질)의 4가지로 구분할 수 있다고 보았다. 열정형은 목표 지향적인 유형으로 의지와 독립심이 강하다. 사교형은 낙천적이고 활발하며 관계를 중요시한다. 현실형은 완벽주의적이고 분석적인 한편 감성이 풍부하고 예술적이기도 하다. 온유형은 느긋하며 평화주의적이다.

그로부터 수십 년이 지난 후에 플라톤은 인간의 지적 능력이 선천적인 것이라고 주장했다. 반면에 그의 제자 아리스토텔레스는 어린아이의 마음이 일종의 백지 상태에서 출발하며 모든 지식은 경험을 통해 학습된다고 주장했다. 서양철학사를 수놓는 이러한 문제는 현대 심리학에서도 여전히 논쟁의 대상으로 남아 있다.

그 후로 십수 세기가 흐른 뒤에 역사의 무대에 등장했던 윌리엄 셰익스피어(William Shakespeare)는 위대한 극작가인 동시에 탁월한 심리학자로도 평가받는다.[5] 예를 들면, 그는 여러 작품 속에서 인간이 자신의 능력과 판단에 대해 과신하는 경향이 있다는 점을 날카롭게 보여주었다. 특히 그는 인간이 스스로 가장 확신하는 내용이 사실은 가장 무지한 상태에 있는 것일 수 있다는 점을 우리에게 일깨워주었다. 그가 보여준 인간의 모습들은 현대 심리학이 과학적으로 밝혀낸 것과 놀라울 정도로 일치한다.

빌헬름 분트를 심리학의 아버지라고 부르는 이유

이처럼 심리학이 탄생하기 오래전부터 인간의 마음과 행동에 대해서는 다양한 주장들이 존재했다. 그럼에도 불구하고 빌헬름 분트를 심리학의 아버지라고 부르는 이유는 무엇일까? 그것은 바로 과거의 주장들과 빌헬름 분트의 주장 사이에 중요한 차이가 있기 때문이다.

빌헬름 분트 이전의 인간에 대한 견해들은 주로 개인의 관찰과 사색에 기초한 것이었다. 이러한 견해들이 인간에 대한 놀라운 통찰을 담고 있을지라도, 그러한 접근 방식은 자신의 주장을 입증할 만한 구체적인 방법을 갖추지 못했었다. 이것이 문제인 이유는 그러한 접근 방법만으로는 논쟁이 벌어지더라도 어느 쪽 주장이 옳은지를 판단할 수 없기 때문이다. 대조적으로, 빌헬름 분트는 과학적인 방법이 제시하는 경험적 근거에 기초해 인간의 마음과 행동을 설명하고자 했다.

흔히 심리학에서는 대중을 '순진한 심리학자(naive psychologist)'라고 부른다. 왜냐하면 사람들은 인간의 마음과 행동에 대해 많은 것을 알고 있으며 사회생활을 하면서 그러한 지식과 기술을 자연스럽게 활용하기 때문이다. 하지만 '인간의 마음과 행동에 관한 상식적인 믿음'과 '심리학'은 다른 것이다. 비록 많은 사람들이 공유하고 있을지라도, 상식적인 믿음 속에는 학문적으로 검증된 내용만 담겨있는 것이 아니다. 대조적으로 심리학에는 학문적으로 검증된 내용들이 담겨있다.

빌헬름 분트는 인간의 감각 경험과 물리적인 현상이 서로 다른 특징을 갖고 있다고 믿었다. 예를 들면, 분광기가 보여주는 빛의 스펙트럼 현상과 인간이 무지개의 색깔을 지각하는 심리적인 현상은 서로 다르다는 것이다. 자연 현상으로서의 무지개는 어느 나라에서든지 동일하다. 하지만 사람들이 무지개를 바라보면서 지각하게 되는 무지개색의 수는 나라마다 다르다.

아이작 뉴턴(Isaac Newton)은 분광기를 활용해 태양의 빛을 무지개 스펙트럼으로 분해해 낸 후, 무지개의 색이 7가지라고 주장했다. 서양에서는 7이 행운의 숫자이자 완전함을 상징하기 때문이다. 대조적으로 우리나라 사람들은 전통적으로 무지개의 색이 5가지라고 믿었다. 청, 적, 황, 백, 흑의 '오방색(五方色)'이 음양오행설의 기본색이었기 때문이다.

빌헬름 분트는 화학자들이 자연의 물질들을 기본 원소로 분해함으로써 물질의 구조를 이해하려 했던 것처럼 인간의 마음을 구성하는 기본 요소들을 분석하고자 했다. 예를 들면, 사람들은 새가 지저귀는 소리처럼 어떤 소리는 좋아하는 반면에 손톱으로 칠판을 긁을 때 나는 소리처럼 어떤 소리는 듣기 싫어한다. 빌헬름 분트는 연구참여자들에게 이러한 소리들을 들으면서 경험하게 되는 느낌을 보고하도록 한 후 그 내용을 분석함으로써 마음의 특징을 이해하려 노력했다.

비유적으로 표현하자면, 빌헬름 분트는 요즘 유행하는 사람들의 머릿속 생각을 정리한 '뇌지도'를 작성하려 했던 것이다. 심리학에서는 이러한 접근을 구성주의★라고 부른다.

20

빌헬름 분트의 스승은 에너지 보존의 법칙★을 확립한 독일의 물리학자이자 생리학자 헤르만 폰 헬름홀츠(Hermann von Helmholtz, 1821~1894)였다. 헬름홀츠는 해부된 개구리의 종아리 근육을 사용해 그 당시까지만 하더라도 측정이 불가능하다고 여겨졌던 신경 전도 속도★를 측정했다. 그가 보고한 신경 전도 속도는 초당 약 25~38미터였다.[6]

또 헬름홀츠는 '반응시간 기법'이라는 독특한 방법도 개발했다. 반응시간은 특정 자극에 대해 신체가 반응을 나타내기까지 걸리는 시간을 뜻한다. 그는 허벅지를 자극했을 때보다 발가락을 자극했을 때 연구참여자들의 반응시간이 더 느려진다는 것을 발견했다. 그는 이러한 반응시간의 차이에 기초해 신경 전도가 뇌까지 전달되는 데 걸리는 시간을 추정했다.

당시만 하더라도 신경 전도 속도를 정확하게 측정하는 것이 어려웠기 때문에 사람들은 신경 반응들이 동시에 일어난다고 믿었다. 그래서 신체 기관마다 신경 전도 속도에서 차이가 존재한다는 것을 보여주는 헬름홀츠의 실험은 엄청난 반향을 불러일으켰다.

오늘날에도 사람들은 자신의 손이 움직이는 것을 눈으로 바라볼 때, 자신의 눈이 손의 움직임을 포착해 내기 전부터 이미 손이 움직이고 있었다는 사실을 깨닫지 못한다. 우리에게는 손이 움직이는 것과 그것을 눈으로 바라보는 일이 동시에 일어나는 사건처럼 느껴지기 때문이다.

하지만 헬름홀츠에 따르면, 우리의 뇌는 비록 몇 분의 일 초 수준의 대

구성주의 (structuralism)

인간의 행위, 사고, 감정에 내재한 경험의 기본 요소를 규명하고자 하는 심리학적 접근.

에너지 보존의 법칙 (law of conservation of energy)

물리학의 열역학 제1법칙으로, 에너지가 다른 에너지로 전환될 때 그 전후로 에너지의 총합은 항상 일정하게 보존된다는 것.

신경 전도 속도 (nerve conduction velocity)

신경의 흥분 속도로, 신경계에서 자극에 대한 정보가 전달되는 속도.

단히 짧은 시간일지라도 현실보다는 조금 뒤처진 세계를 지각한다. 쉽게 말해서 우리의 뇌는 마치 영화의 자막이 해당 장면보다 조금 뒤에 나타나는 것처럼 작동한다는 것이다.

빌헬름 분트는 스승의 이러한 반응시간 기법을 활용해 인간의 의식 과정을 객관적으로 측정하고자 했다.[7] 그는 한 실험에서 연구참여자들에게 소리가 들리는 순간 곧바로 버튼을 누르라고 요청했다. 이때 한 집단에게는 어떤 소리가 들리는지 집중해서 들어달라고 요청한 반면, 나머지 집단에게는 소리가 들리면 오직 버튼을 누르는 데만 집중해 달라고 요청했다.

그 결과, 어떤 소리인지 집중해서 들어달라는 요청을 받은 집단은 버튼을 누르는 데 집중해 달라는 요청을 받은 집단보다 약 10분의 1초 정도 반응속도가 더 느린 것으로 나타났다. 어떤 소리가 들리는지 집중해서 들으려고 노력했던 집단은 소리의 의미를 해석하려고 노력한 반면, 나머지 집단은 그러한 과정을 거치지 않았기 때문에 두 집단 간 반응속도에서 차이가 난 것이다. 빌헬름 분트가 개척한 이러한 반응시간 기법은 오늘날에도 여전히 의식의 과정을 연구하는 데 중요하게 활용되고 있다.

사회성 부족이 약점이 아닌 실험실

학창 시절 빌헬름 분트는 일종의 '너드(nerd)' 같은 인상을 주었다.[8] 너드는 지적 잠재력은 뛰어나지만 사회성이 떨어지는 사람을 뜻한다. 유년 시절 그는 학교에 잘 적응하지 못했던 것으로 보인다. 그는 학교에서 친구를 잘 사귀지도 못했고 학업에 실패한 학생으로 평가받았다. 특히 담임교사는 그가 고등교육을 받기보다는 차라리 우체국에서 일하는 것이

낫겠다는 평가를 내렸다.

만약 그가 담임교사의 조언을 순순히 따랐더라면, 심리학이 탄생하기까지 훨씬 더 오랜 시간이 걸렸을 것이다. 다행히도 담임교사의 예측이 잘못되었다는 것이 드러나는 데는 그다지 오랜 시간이 걸리지 않았다. 그가 24세의 나이에 하이델베르크 대학교에서 의학 박사학위를 받았기 때문이다.

아마도 담임교사가 빌헬름 분트를 지적 능력이 부족한 학생으로 오해하게 된 것은 그가 사회성이 크게 부족했던 점과 관계가 있는 것으로 보인다. 그의 이러한 면은 사실 평생 지속되었다. 그와 연구실 생활을 함께했던 동료 연구자에 따르면, 빌헬름 분트는 정서적으로 매우 위축된 채 생활했으며 누군가가 곁에 있어도 하루 종일 말을 한마디도 안 하는 사람이었다. 아내 소피(Sophie)와의 결혼도 당시의 풍속을 고려하면 늦은 나이인 40세 때에 했다.

어떤 면에서는 사회성이 부족했던 빌헬름 분트가 '내성법(introspection)★'이라는 심리학적 연구방법을 창안하게 된 점은 그의 인간적인 노력(이것에 관해서는 성격 부분에서 다룰 예정)을 반영하는 것으로 보인다. 내성법에서는 객관적인 관찰을 위해 외부 자극과의 연결을 차단하는 것이 중요하다. 이처럼 실생활과는 다르게 실험실에서 사회성이 없는 것은 조금도 약점으로 간주되지 않을 뿐 아니라 오히려 권장되기까지 하는 덕목이라고 할 수 있다.

결과적으로 빌헬름 분트는 심리학의 역사에서 가장 비범한 생산성을 보인 위대한 학자 중 한 명이 되었다. 그는 무려 184명의 박사를 배출했다.[9] 또한 평생 약 54,000페이지에 달하는 분량의 원고를 남겼

> **내성법(introspection)**
> ·····················
> 인간의 내면을 과학적이고 객관적인 방식으로 관찰하고자 시도하는 기법. 개인이 자신의 의식 경험 이면에 있는 심리적 과정을 관찰하고 분석하는 방법으로, 연구자의 의도와는 다르게 실제로는 개인의 주관적 판단이 개입된다는 비판을 받기도 했음.

다.[10] 환산하면 이것은 전문 학술서를 150권 이상 집필할 수 있는 분량이다. 더불어 그는 실험심리학의 창시자인 동시에 문화심리학과 사회심리학의 선구자이기도 하다. 이처럼 탁월한 업적을 남김으로써 그는 '심리학의 아버지'로 인정받게 되었다.

2
최고의 심리학 고전은 어떤 책일까?

미국 심리학의 아버지, 윌리엄 제임스

경제학을 대표하는 고전은 아담 스미스(Adam Smith)의 『국부론』이며 물리학의 영원한 고전은 아이작 뉴턴의 『프린키피아』이다. 이들과 어깨를 나란히 할 만한 심리학의 고전으로는 미국의 심리학자이자 철학자 윌리엄 제임스(William James, 1842~1910)의 『심리학의 원리(The Principles of Psychology)』가 있다. 이 책은 최초의 심리학 개론서라고 할 수 있다.

미국 뉴욕에서 태어나 부유한 가정에서 자랐던 윌리엄 제임스는 소년 시절 영국과 프랑스 등 유럽의 여러 나라들에서 생활했고, 그 덕분에 프랑스어와 독일어 등 5가지 외국어에 능통했다.[11] 이처럼 윌리엄 제임스가 국제 감각을 익히게 된 데는 아버지의 다소 괴팍한 사고방식이 영향을 주었다.

그의 아버지 헨리(Henry)는 신비주의 경향의 신학에 심취했으며 지인들 사이에서 달변가로 소문이 자자했다. 특이하게도 헨리는 대학이 '악의 소굴'이라고 믿었다.[12] 그래서 아들인 윌리엄은 친구들이 대학에 갈 때 가족과 함께 독일로 여행을 가서 가정교사에게 교육을 받았다.

사실 윌리엄 제임스는 화가가 되고 싶어 했다. 하지만 아버지를 설득하는 것이 문제였다. 아버지는 의사가 되어야 한다고 주장했기 때문이다. 결국 그는 하버드 대학교에서 생리학을 공부하는 것으로 진로를 변경했고 나중에는 의학부에 진학해 박사학위도 받았다. 하지만 그는 개인적 특성상 의사가 되기는 어려운 사람이었다.

우선 윌리엄 제임스는 어려서부터 병약했다.[13] 눈과 척추 등 다양한 신체 부위에 질환이 있었으며 정신적으로는 신경쇠약 증세를 보였다. 또한 심각한 우울증으로 인한 자살 충동 때문에 오랫동안 고통을 받았다. 그리고 햄릿 증후군★, 즉 마치 햄릿처럼 의사 결정을 내리는 데 어려움을 겪는 문제도 있었다.

햄릿 증후군
(Hamlet Syndrome)
햄릿은 윌리엄 셰익스피어의 4대 비극 중 하나인 『덴마크 왕자 햄릿의 비극(The Tragedy of Hamlet, Prince of Denmark)』의 주인공으로, "사느냐 죽느냐, 그것이 문제로다"라는 유명한 대사가 암시하듯 우유부단한 인물임. 햄릿처럼 우유부단하여 선택 상황에서 의사 결정을 제대로 내리지 못하는 것을 햄릿 증후군이라고 함.

윌리엄 제임스는 또한 유년 시절에 말이 피를 흘리는 것을 보고 놀라 기절한 적이 있다. 처음에 그는 호기심에 이끌려 통에 담겨있는 말의 피를 막대기로 휘저었다. 그러다가 막대기에서 피가 뚝뚝 떨어지는 모습을 보던 중 갑자기 눈앞의 세상이 캄캄해지고 귀에서 윙윙거리는 소리가 들리더니 이내 의식을 잃어버렸다. 그는 자신의 저서에서 피를 보고 기절한 적이 있는 사람은 외과 수술 준비를 하는 것을 보면서도 불안감에 휩싸여 주저앉게 될 수 있다고 주장했다.[14] 사실 그 주장은 자신의 경험을 바탕으로 한 것이었다.

이런 이유들로, 윌리엄 제임스는 의학 박사였지만 평생 의학에는 별다른 관심을 두지도 않았고 개업을 할 생각조차 없었다. 1869년 하버드 대학교에서 의학 박사학위를 받은 후 3년간 그는 신체적으로도 정신적으로도 심각한 어려움을 겪었다. 훗날 그 자신이 '고뇌하는 영혼(the sick soul)'이라고 불렀던 정신적 위기를 직접 경험한 것이다.

이 시기에 그는 인생의 의미에 관한 의문을 비롯해 자신이 사회적으로 가치 있는 존재인지에 대한 의구심 때문에 정신적으로 많은 방황을 했다. 이 고통스러운 기간 동안 그는 주로 심리학을 공부하면서 지냈다. 다행히도 이렇게 치열한 노력은 그가 삶에서 절실히 필요로 하던 적절한 보상을 가져다주었다.

윌리엄 제임스는 자신의 경험을 다음과 같은 의미심장한 기록으로 남겼다. "나는 원래 생리학자가 되기 위해 의대에 진학했으나 운명의 소용돌이 속에서 심리학으로 흘러들어 가게 되었다. 다만, 내가 들었던 최초의 심리학 강의는 바로 내가 진행한 강의였다."[15]

1872년 하버드 대학교의 총장이자 이웃이기도 했던 찰스 엘리엇(Charles Eliot)이 그에게 생리학 강의를 부탁하면서 그의 삶에는 서광이 비치기 시작했다. 빌헬름 분트와 거의 같은 시기인 1875년에 그도 심리학 강의를 시작했다.

그리고 1878년에 그의 삶에서는 두 가지 의미 있는 변화가 시작되었다. 하나는 피아니스트인 앨리스(Alice)와 결혼한 것이다. 결혼한 후 그는 비로소 '고뇌하는 영혼'의 문제를 해결할 수 있게 되었다. 나머지 하나는 『심리학의 원리』를 집필하기 시작한 것이다. 그는 이 책을 1878년에 쓰기 시작하여 무려 12년 만인 1890년에 완성했다. 학자로서의 통찰력과 재기가 넘쳐나는 이 기념비적인 저서는 그에게 '미국 심리학의 아버지'라는 영예를 안겨주었다.

'심리학계의 다윈'

윌리엄 제임스가 심리학을 탐구하기로 결심한 데는 빌헬름 분트의 영향이 컸던 것으로 보인다. 하지만 구체적인 심리학 이론을 발전시켜 나가는 데는 빌헬름 분트보다 진화론*을 주장한 찰스 다윈(Charles R. Darwin)에게서 더 많은 영감을 받았다. 윌리엄 제임스는 '심리학계의 다윈'이라고 불릴 만큼 두 사람은 서로 닮은 구석이 있었다.

첫째, 두 사람 모두 다양한 신경증적 증상들로 오랫동안 고통을 받았다. 찰스 다윈은 자신의 삶이 "질병으로 인한 긴장과 피로감에 맞서 싸웠던 기나긴 투쟁"[16]의 연속이었다고 말했으며, 일명 '다윈의 병'이라고 불리는 증상으로 오랫동안 고통받았다.[17] '다윈의 병'은 다윈이 20대 초반부터 거의 평생 동안 원인 불명의 형태로 두통, 현기증, 근육 경련, 구토, 소화불량, 심한 피로감, 호흡 곤란 등 다양한 증상을 보인 것을 말한다.

둘째, 두 사람 모두 의학을 공부했지만 의학에는 통 관심을 나타내지 않았다. 흥미로운 점은 찰스 다윈에게도 피 공포증이 있었다는 것이다.[18] 찰스 다윈은 의대 재학 중 두 차례 수술실에 들어갔는데, 두 번 모두 수술이 끝나기 전에 뛰쳐나왔다. 결국 그는 의사가 되는 것을 포기할 수밖에 없었다.

셋째, 두 사람 모두 장기간에 걸친 남아메리카 대륙으로의 항해 경험이 인생의 향방을 결정짓는 데 중요한 역할을 했다. 찰스 다윈이 비글

(Beagle)호를 타고 장기간 항해를 했던 것처럼, 윌리엄 제임스는 의대 진학 후 학업에 흥미를 느끼지 못하던 시기에 박물학에 흥미를 느껴 아마존으로 탐험을 떠났다.

마지막으로, 두 사람 모두 신경증적 증상을 경험했음에도 불구하고 평생의 반려자를 만남으로써 탁월한 걸작을 남길 수 있었다. 찰스 다윈은 자신의 아내인 엠마(Emma)가 '마치 어머니와도 같은 존재'였다고 말했다.[19]

윌리엄 제임스는 찰스 다윈의 자연선택이론★을 적극적으로 지지했다. 그는 다른 동물들과 마찬가지로 인간의 심리적 과정 역시 궁극적으로 생존과 번식을 돕는 기능을 해야 한다고 믿었다. 또 심리학의 목표가 다양한 심리적 과정들이 어떻게 이러한 기능을 수행하는지를 규명하는 것이라고 주장했다. 이런 맥락에서 그는 빌헬름 분트의 구성주의가 인간에 대해 근본적으로 질문을 잘못 던졌다고 비판했다. 빌헬름 분트는 인간의 의식이 무엇으로 구성되어 있는지를 이해하기 위해 노력했다. 하지만 윌리엄 제임스에 따르면 중요한 것은 인간의 의식이 무엇을 위해서 존재하는지를 탐색하는 것이다. 이러한 접근을 기능주의★라고 부른다.

윌리엄 제임스의 이론 중 가장 유명한 것은 바로 정서에 관한 '제임스-랑게 이론(James-Lange theory)'이다.[20] 상식적인 시각에서 본다면, 우리는 슬퍼서 울고 곰을 만나면 두려워서 도망가며 다른

진화론(evolution theory)

18세기 중반에 영국의 생물학자인 찰스 다윈이 『종의 기원』이라는 저서에서 주장함. 다윈에 따르면, 개체는 생활 환경에 적응하면서 단순한 것으로부터 복잡한 것으로 진화함.

진화론에서는 모든 개체가 변이하고, 이 변이는 후대로 전해지며, 이 변이가 생존에 유리한지 여부가 개체의 생존을 결정한다고 주장함.

자연선택이론(natural selection theory)

진화론에서는 개체가 진화하는 주된 원인으로 자연선택을 강조함. 그 이론에 따르면, 생존경쟁에 적합한 것은 살아남고 그렇지 못한 것은 도태됨.

기능주의(functionalism)

의식의 구성 요소에 관심을 두었던 구성주의와 달리, 기능주의는 의식의 목적, 즉 기능에 주로 관심을 두었음. 기능주의에서는 개체가 환경에 적응하는 데 기여하는 유용성과 기능성을 강조함.

사람들로부터 모욕을 당하면 분노해서 공격적인 행동을 하는 것으로 보인다. 하지만 윌리엄 제임스와 덴마크의 의사이자 심리학자 칼 랑게(Carl G. Lange, 1834~1900)는 이러한 시각이 잘못된 것이라고 주장했다. 제임스와 랑게는 사람들이 사건의 발생 순서를 오해하는 것이라고 보았다. 좀 더 정확한 시각은 울었기 때문에 슬픔을 느끼게 된 것이고, 곰을 보고 도망갔기 때문에 두려움을 느끼게 된 것이며, 다른 사람들의 모욕적인 행동에 반격을 가했기 때문에 분노를 경험하게 된다는 것이다.

실제로 사람들은 단순히 주먹을 쥐고 있게만 해도 스스로 더 주장을 강하게 하고 있다고 느끼게 되고, 단순히 코를 찡그리고 있게만 해도 자신이 맡는 냄새가 덜 유쾌하다고 느끼게 되며, 단순히 뒷짐 지고 다리를 벌린 채로 서 있게만 해도 스스로 더 자신감을 갖고 있다고 느끼게 된다.[21] 이런 맥락에서 윌리엄 제임스는 '신체적인 변화에 따른 느낌이 바로 정서'라고 주장했다. 그에 따르면, 신체적인 변화에 따른 느낌을 동반하지 않는 형태의 인지적인 지각은 색채도 없고 활력도 없는 무미건조한 것일 뿐이다.

아마도 심리학이라는 단어의 본래 의미에 가장 가까운 심리학 이론을 제안한 대표적인 이론가를 꼽으라면 바로 윌리엄 제임스를 들 수 있을 것이다. 심리학(psychology)은 그리스어로 '영혼(psyche)'과 '탐구(logos)'라는 단어가 결합된 것이다. 윌리엄 제임스는 사람들이 보이지 않는 세계에 대해서 놀라울 정도로 관심을 기울이지 않지만 종교와 영혼의 문제는 심리학적으로 매우 중요한 탐구 주제라고 믿었다.[22] 이런 관점에서 그는 『종교적 경험의 다양성(The Varieties of Religious Experience)』이라는 또 다른 명저를 유산으로 남겼다.

3
심리학에 대한 오해와 진실

심리학은 과학이다

사람들이 심리학자를 만날 때면 주로 물어보는 말이 있다. "혹시 지금 내 속마음을 알아맞힐 수 있나요?" 이렇게 질문한 후에 사람들은 혹시라도 자신의 속마음을 들킬까 봐 긴장한 상태에서 귀를 쫑긋하고 답변을 기다린다. 하지만 심리학자라고 해서 다른 사람들의 마음을 더 잘 알아맞힐 수 있는 것은 아니다. 심리학자가 독심술사는 아니기 때문이다.

그런데 요즘은 미국 드라마 〈라이 투 미〉의 영향으로 질문 내용이 사뭇 바뀌었다. 그 드라마의 주인공인 칼 라이트먼 박사는 심리학자다. 그는 눈 깜짝할 사이에 스쳐 지나가는 사람들의 사소한 얼굴 표정이나 몸짓 등을 보고 상대방이 거짓말을 하거나 숨기는 것이 있는지를 파악하여 사건들을 해결해 나간다. 이 드라마는 세계적인 임상심리학자이자 정서심리학자인 폴 에크만(Paul Ekman, 1934~) 박사의 일화를 바탕으로 제작되었다.

폴 에크만은 2009년에 세계에서 가장 영향력 있는 학자 및 사상가 100인 중 한 명으로 선정되었다.[23] 그가 임상심리학자로서 의과대학에서 강의를 할 때, 의미심장한 질문을 받은 적이 있었다.[24] 그 질문의 내용은 이러했다. 입원 중인 우울증 환자가 자신은 이제 많이 회복되었으니 외출할 수 있게 해달라고 요청하는 경우, 환자가 실제로 회복된 것인지 여부를 어떻게 파악할 수 있느냐는 것이었다. 이러한 질문이 나온 이유는 우울증 환자들의 경우, 자살 시도의 위험성이 높은 상태에서도 거짓으로 괜찮은 척하는 경우가 많기 때문이다.

처음에 폴 에크만은 이러한 질문에 대한 답을 알지 못했다. 그래서 그는 자살 시도의 위험성이 있는 상태에서 거짓으로 괜찮은 척해서 정신과 병동에서 빠져나온 후 실제로 자살 시도를 했던 환자의 영상 녹화 자료를 검토했다. 폴 에크만은 환자가 거짓으로 증상이 호전된 척하면서 외출을 요청할 때 촬영한 12분짜리 영상을 무려 100시간이 넘게 보면서 프레임별로 분석했다. 그 결과 그는 해당 환자가 12분의 면담 기간 중 찰나의 순간에 중요한 신호를 나타낸 적이 있다는 점을 발견했다. 이 신호는 불과 0.08초 동안 나타났으며 영상 분량으로도 전체 1만 7천여 프레임 중 단 2프레임에만 담겨있었다.

이러한 과정을 통해 외출을 요청하는 우울증 환자의 표정에서 어떤 신호를 탐지해야 하는지를 파악한 폴 에크만은 그다음부터는 영상 자료를 프레임별로 쪼개지 않고도 환자의 표정에서 중요한 절망 신호를 발견해 낼 수 있었다. 그 후 오랜 연구 과정을 거쳐 폴 에크만은 얼굴 표정과 목소리, 몸짓 등이 담긴 자료에서 사람들의 거짓말을 90퍼센트 수준의 정확도로 감별해 낼 수 있는 심리학적 기술을 갖추게 되었다.

세상에는 폴 에크만처럼 거짓말을 마법사처럼 잘 구분해 내는 사람들이 있다.[25] 하지만 이처럼 특별한 재능을 갖춘 사람들은 약 1,000명 중 3명수준에 불과하다. 누군가가 참말을 하는지 아니면 거짓말을 하는지를알아맞히는 테스트에서 일반 사람들은 우연히 일어날 확률인 50퍼센트수준으로 참과 거짓을 구분해 내는 반면에, 진실 마법사들은 동일한 과제에서 약 80퍼센트의 정확도로 참과 거짓을 구분한다. 심리학자들 중지극히 일부가 폴 에크만처럼 진실 마법사의 역할을 할 수는 있겠지만, 대부분의 심리학자는 그렇지 않다.

심리학에 관심이 있는 청소년이 흔히 심리학에 대해 갖고 있는 또 다른 오해는 심리학이 심리상담을 중심으로 한 '인문학'이라고 생각하는 점이다. 심리학에 대해 이러한 생각을 갖고 심리학과에 진학한 신입생들은입학 후 심리학이 '심리과학'이라는 이름으로 불린다는 사실을 깨닫고 깜짝 놀란다. 특히 심리학을 전공하기 위해서는 생물심리와 실험심리, 그리고 심리통계에 대한 학습이 필수라는 점을 확인한 일부 신입생들은 뭉크(Munch)의 〈절규〉라는 그림을 연상시키는 경악한 듯한 반응을 보이기도한다.

인간은 실수와 착각을 하기 쉬운 존재

기본적으로 심리학은 인문학, 사회과학, 그리고 자연과학을 아우르는종합 학문이다. 다시 말해서, 심리학은 '인간의 마음과 행동에 관한 종합적인 이해를 추구하는 학문'이다. 그렇다면, 심리학자들이 일반인들보다 상대적으로 더 잘 알고 있는 영역은 무엇일까? 아마도 그 해답으로는 대표적으로 다음의 두 가지를 들 수 있다.

첫째, 마인드버그(mindbugs) 문제에 관해 심리학자들은 잘 알고 있다. 이따금 컴퓨터 시스템 혹은 프로그램은 예상치 못한 잘못된 결과를 산출할 때가 있다. 이를 '컴퓨터버그(computerbugs)'라고 부른다. 인간의 마음과 행동에도 이러한 오류들이 존재한다. 이것이 바로 마인드버그다. 마인드버그는 마음속에서 일어나는 오작동, 실수, 착각, 결함, 오류 등을 뜻하는 것으로, 마음과 행동의 기능, 구조, 설계 등에 관해 유용한 정보를 제공해 준다.[26]

심리학에서 가장 매력적인 부분 중 하나가 바로 인간은 실수와 착각을 하기 쉬운 존재라는 것을 우리에게 분명하게 알려준다는 점이다. 만약 우리가 생활하면서 실수와 잘못을 전혀 하지 않는다면, 인간의 마음과 행동을 예측하는 것이 그토록 어렵지는 않을 것이다. 하지만 인간의 마음과 행동을 예측하는 것은 삶에서 가장 풀기 어려운 문제 중 하나다.

인간의 마음과 행동이 사람들의 관심을 끄는 이유 중 하나는 바로 우리가 때때로 놀라울 정도로 합리적이지 않은 행동을 보인다는 데 있다. 예를 들면, 사람들은 적은 것에 더 높은 가치를 부여하는 경향이 있다.[27] '고가의 찻잔 4개'와 '저가의 컵 2개'가 결합된 세트 상품보다 '고가의 찻잔 4개'만 있는 단독상품에 더 높은 값을 매기는 것이다. 이때 비교 대상을 동시에 놓고 평가를 진행할 때는 고가와 저가의 제품이 결합된 세트 상품에 더 높은 가격을 매기지만, 평가 대상을 각각 분리한 상태에서 독립적으로 평가할 때는 고가의 제품만 있는 단독 상품에 더 높은 가격을 매긴다.

사람들이 보이는 모습 가운데 가장 놀라운 것 중 하나는 사람들이 자신에 대해 잘 알지 못한다는 점이다. 사람들에게 자신의 문법적인 지식이나 논리적인 사고력 그리고 유머 감각 등이 어느 수준인지를 질문하고서 실제 그 능력을 평가해 보면, 사람들이 스스로 믿고 있는 자신의 능력과 실제 능력 사이에는 차이가 큰 것으로 나타났다.[28] 특히 실제 능력이 하위권인 사람들은 자신에 대해 과대평가하는 반면에, 실제 능력이 상위권인 사람들은 자신에 대해 과소평가하는 경향이 있다.

한 가지 다행인 점은 인간이 항상 합리적으로 행동하는 것은 아니지만 그렇다고 늘 어리석은 행동만을 일삼지는 않는다는 것이다. 심리학자는 사람들이 스스로에 대해 무지한 오류를 어떻게 하면 지혜롭게 극복할 수 있는지를 탐구한다. 예를 들면, 이러한 문제와 관련해서 심리학자들은 효과적인 피드백 시스템을 갖추기를 추천한다. 피드백은 사람들에게 특정 행동의 결과를 알려주는 일을 말한다. 이처럼 심리학은 사람들이 자신에 대한 무지에서 비롯되는 오류를 줄이는 데 분명한 도움을 줄 수 있다.

둘째, 인간의 마음과 행동이 어디에서 오며 어떤 역할을 하는지를 이해함으로써 사람들이 삶에 효과적으로 적응할 수 있도록 돕는 방법을 심리학자들은 잘 알고 있다. 철학자 르네 데카르트(René Descartes)는 오직 인간만이 물질적인 육체와 비물질적인 영혼이 합체된 존재라고 믿었다. 그에 따르면, 영혼이 없는 동물은 단지 복잡한 기계에 불과한 것이 된다.

데카르트는 여행을 할 때, 기계와 태엽으로 만든 실물 크기의 인형을 데리고 다녔다.[29] 이 인형은 다섯 살에 세상을 떠난 자신의 딸을 모델로 만든 것이었다. 그가 이러한 인형을 만든 이유는 인형처럼 영혼이 없는 기계도 동물처럼 움직이는 것이 가능하며 영혼이 없는 동물과 인간은 질적으로 다르다는 점을 보여주는 데 있다.

데카르트는 한낱 기계에 불과한 신체를 지배하는 것은 자유의지를 갖춘 '나'라는 존재라고 믿었다. 그에 따르면, 정신세계는 뇌 속 작은 구조물인 송과선(pineal gland)을 통해 신체를 움직인다.[30] 이런 점에서 그는 송과선을 "영혼의 자리(seat of the soul)"라고 했다.[31]

데카르트 외에도 역사적으로 많은 사람들이 두뇌의 통제실에 인간의 마음과 행동을 통제하는 무언가가 존재한다고 믿었다. 바로 '호문쿨루스★'가 그 예다.[32]

하지만 심리학적 관점에 따르면, 데카르트의 주장과 달리 송과선은 실제로는 생체리듬을 조절하는 기능을 수행할 뿐이며 인간의 행동 전체를 관장하지는 않는다. 또 데카르트가 주장했던 것과 같은 '나', 즉 자유의지를 통해 신체를 지배하는 일종의 사령관 역할을 하는 '나'는 존재하지 않는다. 그리고 호문쿨루스 같은 것 역시 존재하지 않는다. 인간의 마음과 행동에 대해서 모든 결정권을 갖는 하나의 '자아' 같은 개념은 환상에 불과하다.

상식적인 시각에서 본다면, 이러한 심리학적 관점은 다소 의아한 인상을 줄 수도 있을 것이다. 왜냐하면 직관적으로는 사람들이 흔히 말하는 '나'가 분명히 내 안에 존재하는 것처럼 느껴지기 때문이다. 하지만 앞으로 상세히 소개하겠지만 그러한 느낌은 느낌일 뿐, 현실을 정확하게 반영하는 것은 아니다.

인간의 마음과 행동은 사람들이 느끼는 것과 같은 방식으로 기능하지 않는다. 그보다는 마음과 행동 고유의 작동 방식이 존재한다. 이처럼 심리학이 밝혀낸 인간의 마음과 행동의 세계는 상식과 다른 부분들이 많기 때문에 심리학은 전공자뿐만 아니라 일반인들도 교양으로 배워둘 필요가 있다.

그렇다면 심리학을 통해 인간의 마음과 행동에 관해 종합적인 이해를 하게 됨으로써 사람들이 얻을 수 있는 교훈은 무엇일까? 비록 유일한 답변은 아닐지라도 중요한 답변 중 하나는 '자신에 대한 과신은 금물이며 자신의 믿음과 관련해 겸손할 필요가 있다'는 점이다.

4
심리학자는 무슨 일을 할까?

'허브 사이언스'인 심리학

심리학이 학문의 세계에서 미래에 어떤 위치를 점하게 될지를 보여주는 자료는 매우 많다. 그중에서도 '과학의 지도'는 매우 고무적이다. 한 연구에서는 무려 7천 개가 넘는 학술지에서 출판된 100만 편이 넘는 논문과 2,300만 개가 넘는 참고문헌 목록을 활용해 여러 학문 분야의 논문들이 얼마나 자주 서로의 연구를 인용했는지를 조사했다. 그 후 이러한 자료를 바탕으로 학문 간의 유사성과 연결성을 분석해 하나의 지도로 제작했다.[33] 그것이 과학의 지도다.

그 결과, 그림 3이 보여주듯이 전체 학문을 기준으로 했을 때 총 7개의 '허브 사이언스*'가 나타났다. 심리학도 그중 하나다. 허브 사이언스란 말 그대로 그 학문이 인접 학문들 사이에서 구심점 역할을 한다는 뜻이다.

이러한 결과는 심리학의 학문적 영향력을 보여주는 동시에 심리학을 공부하는 것이 장차 여러 다른 학문으로 진출하는 관문 역할을 하게 되리라는 점을 시사한다. 한마디로 말해서, 심리학의 미래는 지금까지처럼 앞으로도 매우 밝다는 점을 분명하게 보여준다.

그렇다면 왜 과학의 지도에서 심리학이 여러 학문의 집합체인 사회과학만큼이나 영향력 있는 학문으로 나타난 것일까? 그 대표적인 이유로 다음의 두 가지를 들 수 있다.

그림 3 과학의 지도

학제적 연구
(interdisciplinary studies)
서로 다른 학문 분야의 연구
자들이 공동 관심사에 대해
협력 연구를 진행하는 것.

첫째, 심리학은 '인간을 대상으로 하는 종합 학문'의 성격을 갖고 있다는 점이다. 앞서 소개한 것처럼, 심리학은 인문학, 사회과학, 그리고 자연과학을 모두 아우르는 특징을 가지고 있다. 이런 점에서 심리학은 학제적 연구＊에 특화된 대표적인 학문 분야라 할 수 있다.

둘째, 심리학의 핵심 특징 중 하나가 '방법론'이라는 점이다. 심리학 외에도 인간의 마음과 행동에 관한 다양한 견해들이 존재한다. 하지만 개인의 관찰과 사색에 기초한 주장과 심리학은 다르다. 심리학에서는 주장과 더불어 그런 주장의 타당성을 입증할 수 있는 구체적 방법도 함께 제시한다. 단순히 인간의 마음과 행동이 어떻다고 주장하는 것만으로는 심리학이 될 수 없다. 그런 주장을 둘러싸고 논쟁이 벌어졌을 때 어떤 주장이 더 타당한지 판단할 수 있는 구체적인 방법까지도 제시할 수 있어야 한다.

이런 점에서 심리학에서는 '조작적 정의(operational definition)'가 중요하다. 조작적 정의는 이론적 개념을 경험적으로 관찰하고 측정할 수 있도록 해주는 기준점을 말한다. 학생의 지적 잠재력을 '지능검사에서의 IQ 점수'로 개념화하는 것이 그 좋은 예다.

이런 조작적 정의가 없으면 이론에 대한 경험적 검증이 불가능하기 때문에 심리학에서는 이론적 개념만큼이나 조작적 정의를 중시한다. 그리고 이것이 바로 심리학이 허브 사이언스가 될 수 있었던 중요한 비결이기도 하다.

심리학의 흥미로운 특징 중 하나는 다른 학문에 비해 여성들의 진출이 두드러진 분야라는 것이다.[34] 인류 역사에서 오랫동안 학문은 부유한

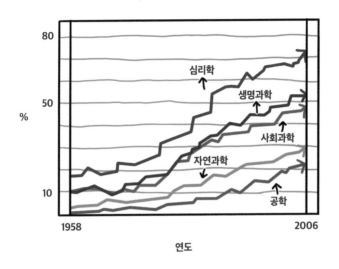

그림 4 박사학위 취득자 중 여성의 비율

남성들의 전유물이었다. 심리학은 그 어떤 학문보다도 개방성과 다양성의 가치를 중시하는 특징을 갖고 있다. 그 결과, 심리학은 오늘날 여성들이 가장 활발하게 진출하는 학문 분야가 되었다.

위의 그래프는 다양한 과학 분야의 박사학위 취득자 중 여성이 차지하는 비율을 나타낸 것이다. 1960년대 이후 대부분의 과학 분야에서 여성들의 진출이 증가했다. 그중에서도 심리학에서의 증가 추세는 단연 돋보인다.

심리학 박사학위 취득자 중 여성이 차지하는 비율은 71퍼센트 이상이다. 이처럼 심리학이 학문적으로 개방성과 다양성의 가치를 중시하게 된 배경을 이해하는 데는 심리학으로 박사학위를 받은 사람들이 주로 진출하는 분야를 살펴보는 것이 도움이 된다.

심리학자들의 활동 분야

심리학에는 다양한 분야가 존재한다. 그중 기초심리학에는 실험심리학, 인지심리학, 생물심리학, 사회심리학, 성격심리학, 발달심리학이 포함된다. 그리고 응용심리학 분야에는 임상심리학, 상담심리학, 건강심리학, 학교심리학, 산업 및 조직심리학이 포함된다.

기초심리학은 순수학문에 해당된다. 그와 대조적으로, 응용심리학에서는 기초심리학에서 규명한 이론들을 현실적인 문제들을 해결하는 데 적용한다.

아래의 그림은 여러 심리학 분야들에 진출한 심리학 박사학위 취득자들의 분포를 보여준다.[35] 임상, 상담, 학교, 산업 및 조직 등 해당 분야의

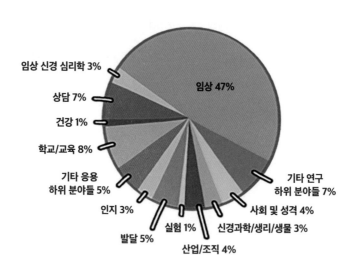

그림 5 심리학 박사학위 취득자들이 진출한 분야

성격상 기본적으로 개방성과 다양성의 가치가 중시되는 분야가 상대적으로 높은 비중을 차지하는 것을 알 수 있다. 물론, 심리학 전문가가 되기 위해서 반드시 박사학위를 취득해야 하는 것은 아니다.

지금까지 심리학의 주요 특징을 소개하기 위해 심리학 박사학위 취득자들의 분야별 분포 자료를 소개했다. 하지만 사회에서 심리학 전공자로 활동하는 사람들 중에는 박사보다 학사 및 석사학위 취득자들이 더 많다.

심리학 분야		특징
기초	실험심리학	인간의 마음과 행동을 이해하는 데 필요한 실험 방법을 연구
	인지심리학	인간이 지식을 획득하고 사고하는 메커니즘을 연구
	생물심리학	마음과 행동의 생물학적 기초 및 생리적 메커니즘을 연구
	사회심리학	사회적 상황에서 개인이 보이는 사고, 감정 및 행동을 연구
	성격심리학	개인의 특성이 형성되는 과정과 특성을 측정하는 방법을 연구
	발달심리학	전 생애에 걸친 개인의 신체적, 심리적 및 사회적 변화를 연구
응용	임상심리학	정신장애 및 심리적 부적응의 문제와 그 해결 방법을 연구
	상담심리학	정신장애가 없는 사람들의 심리적 문제와 그 해결 방법을 연구
	건강심리학	건강에 영향을 주는 심리적 요인과 건강 증진 방법을 연구
	학교심리학	학생들이 주로 직면하게 되는 심리적 문제와 해결 방법을 연구
	산업 및 조직심리학	조직의 생산성 및 작업 조건의 질을 향상시키는 방법을 연구

아래 그림 6은 국내 한 대학의 심리학과 졸업생들이 진출한 분야를 소개한 것이다.[36] 이처럼 우리 사회에서 심리학 전공자들이 진출할 수 있는 무대는 다양하고도 넓다!

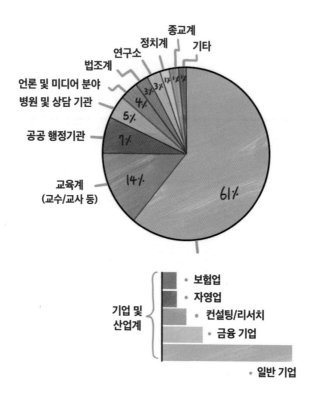

그림 6 국내 한 대학의 심리학과 졸업생들이 진출한 분야

5
심리학에서 사용하는 대표적인 방법들

심리학자들의 가설 검증 작업

심리학에서는 어떤 이론의 가치를 평가할 때 경험적 관찰을 통해 검증할 수 있는지를 중시한다. 따라서 심리학에서의 핵심 과업은 조작적 정의를 바탕으로 검증 가능한 형태의 가설을 만든 후 타당한 방법을 활용해 그 가설의 진위 여부를 확인하는 것이다.

물론, 단 한 번 가설 검증의 관문을 통과했다고 해서 해당 가설이 참으로 확정되는 것은 아니다. 어떤 가설이 수천 번에 걸쳐 힘든 검증 과정을 통과하더라도 명확한 반대 증거가 하나라도 나타나면 결국 그 가설은 거짓으로 판정될 수 있기 때문이다. 이런 점은 가설 검증 작업이 별로 소용없다는 인상을 줄 수도 있을 것이다. 하지만 결코 그렇지 않다.

토머스 에디슨(Thomas A. Edison)은 그가 많은 노력을 기울임에도 뚜

렷한 성과를 내지 못하는 문제에 대해 친구가 한마디 하자 다음과 같이 응수했다. "천만에. 나는 많은 성과를 얻었어! 어떤 방법을 쓰면 안 되는지를 수천 가지나 알아냈다고!"[37]

심리학자들은 자신이 세운 가설이 검증되기를 원하지만, 설사 가설 검증에 실패하더라도 그런 결과 역시 값진 의미가 있다고 생각한다. 오늘날 심리학이 허브 사이언스로 자리매김할 수 있게 된 것은 지금까지 수많은 심리학자들이 이런 가설 검증 작업을 통해 조금씩, 하지만 꾸준히 전진해 온 덕분이다.

심리학자들이 가설 검증을 위해 사용하는 대표적인 방법으로 관찰, 사례 연구, 자기보고, 상관분석, 실험을 들 수 있다.

관찰과 사례 연구

관찰은 어떤 사건의 속성에 대해 알아내기 위해 감각 정보를 활용하는 것을 말한다. 일반적인 관찰은 누구나 할 수 있는 일이지만, 가설 검증 목적의 관찰을 위해서는 조작적 정의를 내릴 줄 알아야 한다. 무엇을 관찰해야 하는지를 정해야 하기 때문이다. 이런 점에서 관찰의 핵심 과제는 바로 무엇을 관찰해야 하는지를 찾는 것이라고 할 수 있다.

예를 들어, 인간의 감정 표현이 선천적으로 타고나는 것인지 아니면 후천적으로 학습하는 것인지를 탐구하는 상황을 가정해 보자. 역사적으로 이 문제는 오랫동안 논쟁거리였다. 이를 관찰을 통해 확인하려면 우선 조작적 정의가 필요하다.

조작적 정의의 예를 소개하자면 다음과 같다. 인간의 감정 표현이 선천적인 것이어서 학습이 필요 없다면 맹인으로 태어난 사람도 감정을 표현하는 방식이 정상 시력을 갖고 있는 사람과 같을 것이다. 한편, 인간의 감정 표현이 후천적인 것이어서 학습이 필요하다면 맹인과 정상 시력을 지닌 사람 사이에 감정 표현 방식이 차이가 있을 것이다. 올림픽 유도 경기에서 우승한 선수와 장애인 올림픽 유도 경기에서 우승한 맹인 선수가 최종적으로 우승이 확정되는 순간 각각 어떤 표정을 짓는지를 확인하면 그 결과를 확인할 수 있을 것이다.

실제 관찰 결과에 따르면, 인간의 감정 표현은 선천적인 것으로 보인다.[38] 예를 들어, 올림픽 유도 경기에서 우승한 선수와 장애인 올림픽 유도 경기에서 우승한 맹인 선수는 최종적으로 우승이 확정되는 순간 동일한 표정을 짓는 것으로 나타났다.

사례 연구(case study)는 특정 대상에 대해 심층적인 자료를 수집한 후 이를 상세히, 그리고 집중적으로 탐구하는 것을 뜻한다. 그 예로 템플 그랜딘(Temple Grandin, 1947~)을 대상으로 한 심층 연구를 들 수 있다. 템플 그랜딘은 미국의 동물학자이자 세계에서 가장 유명한 자폐인 중 한 명이다.[39] 그녀의 이야기는 2010년에 동명의 TV 영화 〈템플 그랜딘〉으로 제작되어 에미상(Emmy Awards)을 7개 부문에 걸쳐 수상하기도 했다. 또한 그랜딘은 2010년, 미국의 시사주간지 《타임》이 발표한 '세계에서 가장 영향력 있는 100인' 중 1인으로 선정되기도 했다.

템플 그랜딘은 자기공명영상법(magnetic resonance imaging: 이하 MRI)이 개발된 지 얼마 되지 않던 때인 1987년에 처음으로 자기 '뇌 속으로의 여행'을 시작했다. MRI는 인체를 구성하는 물질의 자기적 성질을 측정한 다음 이를 다시 컴퓨터로 재구성해서 영상화하는 기술을 말한다. 그때부터 템플 그랜딘은 뇌를 스캔할 수 있는 새로운 기기가 개발될

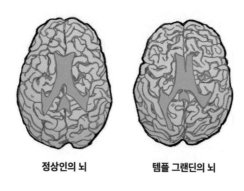

정상인의 뇌　　　　**템플 그랜딘의 뇌**

그림 7 정상인의 뇌와 자폐인인 템플 그랜딘의 뇌

때마다 자신의 뇌를 스캔하는 과제에 적극 참여했다. 그렇게 적어도 7회 이상 '뇌 속으로의 여행'에 참여했다. 그 결과, 템플 그랜딘은 자폐증이 마음의 병이라기보다는 뇌 기능의 문제라는 사실을 밝히는 데 크게 기여했다.

처음 템플 그랜딘의 뇌를 MRI로 촬영했을 때, 좌뇌와 우뇌가 비대칭이 었으며 뇌의 빈 공간에 해당되는 뇌실 중 왼쪽이 오른쪽보다 긴 것으로 나타났다. 하지만 당시만 하더라도 과학기술의 한계로 뇌의 불균형과 비대칭을 정밀하게 측정하기 어려웠고, 그녀 뇌의 이러한 차이에 대해 연구진은 '흔히 있을 수 있는 일' 정도로 생각했다.

2010년에 고해상도 MRI로 다시 측정했을 때 그녀의 왼쪽 뇌실과 오른쪽 뇌실의 길이 차이는 매우 이례적인 수준이라는 것이 드러났다. 그림 7에서 보여지는 것처럼 왼쪽 뇌실이 오른쪽 뇌실보다 무려 1.8배나 더 긴 것으로 나타난 것이다.

뇌실이 정상인보다 더 크다는 것은 있어야 할 뇌 조직이 뇌실의 크기만큼 비어 있다는 것을 뜻하며, 그만큼 뇌기능에 장애를 보인다는 것을 의미한다. 또 혈류의 변화를 감지해 뇌의 활동을 측정하는 기능적 자기공명영상(functional magnetic resonance imaging: 이하 fMRI)으로 측정한 결과, 그녀의 뇌는 사람의 얼굴을 볼 때 정상인에 비해 훨씬 더 적게 활성화되는 것으로 나타났다.

자폐증 연구의 선구자 중 한 명인 정신과 의사 레오 캐너(Leo Kanner, 1894~1981)는 처음에 자폐증이 정서적으로 차가운 부모의 잘못된 양육에서 비롯된 것이라고 주장했다.[40] 그는 자폐증 자녀를 둔 부모들 대부분이 '마치 냉장고처럼 차갑고 이성적인 전문직 종사자'라고 주장했다. 하지만 템플 그랜딘을 대상으로 한 사례 연구는 자폐증이 부모의 잘못된 양육이 아니라 뇌의 신경학적 이상에서 비롯된 것이라는 점을 분명하게 보여준다.

자기보고, 상관분석, 실험

최근 우리 사회에서 유행하는 성격검사인 MBTI처럼, 많은 심리검사는 자기보고식으로 진행된다. 자기보고식 검사에서는 수검자가 다양한 질문에 대해 자신의 생각에 기초해 응답한다.

자기보고식 검사는 수검자가 자신의 주관적 관점에 기초해 응답한 것이기 때문에 그 자체만으로는 객관적 내용으로 볼 수 없다. 그렇다고 해서 자기보고식 검사가 쓸모없다는 뜻은 아니다. 사실, 과학 실험에서 사용되는 온도계나 기압계, 그리고 속도 측정기 등도 완벽한 도구는 아니다. 완벽하지 못한 도구를 사용할 경우, 가구 수리 작업은 매우 골치 아

MBTI(Myers Briggs Type Indicator)

MBTI에서는 인간의 성격을 16가지 유형으로 분류한다. 에너지가 향하는 방향에 따라 외향(Extroversion)과 내향(Introversion), 정보를 수집하는 방식에 따라 감각(Sensing)과 직관(Intuition), 의사 결정을 할 때 중시하는 기준에 따라 사고(Thinking)와 감정(Feeling), 그리고 선호하는 생활 방식에 따라 판단(Judging)과 인식(Perceiving) 유형으로 구분한다. 이 4가지 정보를 영역별로 조합하면 총 16가지 성격유형이 나온다. 예를 들면, 외향적이고 감각적이며 감정적이고 인식적인 사람은 각 영역의 철자를 하나씩 써서 'ESFP' 유형이 된다. MBTI에서는 기본적으로 사람들에게는 '자신에게 가장 잘 맞는 유형'이 존재한다고 가정한다. 다만, 성인이 되기 전까지 MBTI 성격유형은 가변적일 수 있다. 청소년기까지는 부모의 영향 등으로 일상생활에서 '자유로운 선택'에 기초해 '진정한 자신의 모습'을 드러내는 데 한계가 있기 때문이다. 만약 청소년기의 검사 결과와 성인이 된 후의 검사 결과가 다르다면 성격유형이 변했다기보다는 성인이 되었을 때 비로소 자신에게 잘 맞는 옷을 발견한 것일 수 있다. 이런 점을 고려해 심리학에서는 성격이 성인기에 틀을 갖추게 되는 것으로 본다.

물론, 성인기에 MBTI 검사를 받는다고 해서 자신의 진정한 성격유형을 확인할 수 있는 것은 아니다. 중요한 것은 다른 사람의 눈치를 보지 않고 '자유로운 선택'을 하는 것이 가능한 생활 조건에서 검사에 응하는 것이다. 성인기에도 여전히 다른 사람들의 영향에서 자유롭지 않은 생활을 하고 있다면 MBTI 결과는 가변적일 수 있다.

MBTI와 관련해서는 다음의 2가지에 주의를 기울일 필요가 있다. 첫째, MBTI의 성격유형에 대해서 일종의 고정관념과 편견을 갖고 기계적으로 해석하지 않는 것이다. 예를 들면, "너는 ~ 유형이라서 그래" 또는 "너는 ~유형이라서 어쩔 수가 없어. 그렇게 살아야 해"라는 식으로 판단하는 것이다. 사람이 어떤 행동을 하는 데는 한 가지 이유만 존재하는 것이 아니다. 매우 다양한 이유가 존재한다. 또 인간은 노력에 따라 얼마든지 많은 것을 바꿀 수 있는 존재이기도 하다. 둘째, MBTI는 인터넷에서 떠도는 출처가 명확하지 않은 검사가 아니라 심리학적으로 공인된 전문 검사 도구로 평가해야 한다. 더불어, MBTI의 올바른 해석을 위해서는 반드시 전문가의 도움을 받아야 한다.

푼 일이 될 것이다. 하지만 아무리 결함 있는 공구를 사용한다 해도 맨손으로 작업하는 것보다는 공구를 사용하는 것이 훨씬 더 낫다.[41]

예컨대, '시소'의 원리를 이용해 두 사람의 무게를 비교하는 방식으로 사람들의 몸무게를 측정한다고 가정해 보자. 이 경우 실제로 사람들의 정확한 몸무게를 알아내는 것은 어려울지라도, 외견상 몸무게가 비슷해 보이는 두 사람 중 누구의 몸무게가 더 나가는지를 확인하는 것은 가능할 것이다. 하지만 이런 측정 방식은 정교하지 않기 때문에 측정 오차가 발생할 수 있다. 특히, 두 사람의 몸무게가 비슷할 경우에는 측정할 때마다 서로 다른 결과가 나올 수도 있다. 이런 측정 오차의 문제는 자기보고식 검사에서도 마찬가지로 나타날 수 있다.

다행히도, 정교하지 않은 자기보고식 검사를 사용할 때 발생할 수 있는 측정 오차의 문제를 조정할 수 있는 통계적 방법이 존재한다. 성인 1,000명의 자료를 기준으로 했을 때, 총점이 10점인 자기보고식 행복도

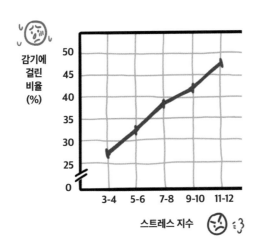

그림 8 스트레스 지수와 감기에 걸린 비율 간의 상관관계

검사에서 일반인의 평균 점수가 7점이고 표준편차가 1점이라고 가정해 보자. 이 검사에서 영희가 9점을 받고 철수가 5점을 받는 경우, 두 사람 간 차이는 4표준편차에 해당된다. 이런 정보를 가지고 확률적으로 영희가 철수보다 더 행복한 상태에 있다고 주장하는 것은 합리적일 수 있다. 그런 주장이 비록 완벽한 것은 아니더라도 과학적으로 충분히 타당하다고 평가할 수 있다.

상관분석은 두 요인 간 관계가 통계적으로 유의미한 수준인지 조사하는 것을 말한다. 예컨대, 그림 8이 보여주는 것처럼 심리학자 셸던 코헨(Sheldon Cohen)과 동료들은 자기보고식 검사에서 높은 수준의 스트레스를 보고할수록 감기에 걸리는 비율이 높아진다고 했다.[42]

기본적으로 상관관계는 두 가지 방향이 존재한다. 하나는 정적(+) 방향이고 또 하나는 부적(-) 방향이다. 정적 상관에서는 한 가지 요인의 값이 증가하면 나머지 요인의 값도 증가한다. 대조적으로, 부적 상관에서는 한 가지 요인의 값이 증가하면 나머지 요인의 값은 감소한다. 감기와 스트레스의 관계는 정적 상관에 해당된다. 부적 상관관계의 예로는 흡연과 건강의 관계를 들 수 있다.

그런데 두 요인 간에 유의미한 관계가 있다고 해서 두 요인 중 하나가 원인의 역할을 하고 나머지가 결과가 되는 것은 아니다. 다시 말해서, 상관관계를 인과관계로 오인해서는 안 된다. 예컨대, 높은 수준의 스트레스를 보고하는 것과 감기에 걸리는 비율이 상관을 보인다고 해서 이 자료만으로 높은 수준의 스트레스 혹은 불행감을 보고하는 것이 감기에 걸리는 원인이라고 주장할 수는 없다. 두 변인 간 관계를 인과적으로 해석하기 위해서는 추가 분석이 필요하다.

나중에 셸던 코헨과 동료들은 연구참여자들을 행복도에 따라 상·중·하로 구분하고 코에 감기바이러스를 직접 주입한 후 감기에 걸리는 정도를 조사했다.[43] 그 결과, 행복도는 감기에 인과적인 영향을 미치는 것으로 나타났다.

이처럼 두 요인 간 관계가 원인과 결과에 해당하는지 확인하기 위해서는 잘 설계된 실험을 진행할 필요가 있다. 실험의 핵심 과정은 '처치(manipulation)'와 '무선 할당(random assignment)' 절차다. 처치는 한 요인의 하위 조건들을 다양하게 변화시킴에 따라 다른 요인에서의 결과가 인과적으로 변하는지 확인하는 것을 말한다. 그리고 무선 할당은 연구참여자가 처치를 위한 조건 중 어디에 속하게 될지를 자의적인 선택이 아니라 전적으로 '운'에 맡기는 것을 말한다. 이렇게 하는 이유는 실험 결과에 잠재적으로 영향을 줄 수 있는 외부 요인을 효과적으로 통제하기 위해서다.

그림 9는 도움을 필요로 하는 사람을 혼자 관찰할 때에 비해 다른 사

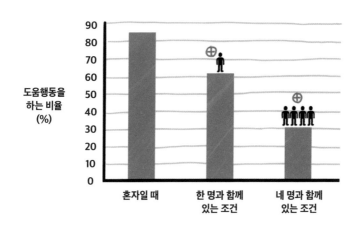

그림 9 관찰 조건에 따라 도움행동을 하는 비율

람들과 함께 관찰할 때 도움행동을 나타내는 비율에서 어떤 차이를 보이는지를 조사한 것이다.[44] 이 실험에서 '처치'는 도움을 필요로 하는 사람을 '혼자서 보는 조건' '자신 외에 또 다른 한 사람과 같이 보는 조건' 그리고 '네 명의 다른 사람과 함께 보는 조건'으로 설정한 것이다. 그리고 이 실험에서는 연구참여자들을 이 세 가지 조건에 무선적으로 할당했다. 그 결과, 도움을 필요로 하는 사람을 다른 사람과 함께 관찰할 때에 비해 혼자서 관찰할 때 도움행동을 나타내는 비율이 더 높았다.

심리학 연구에서는 전통적으로 가설을 영가설(귀무가설, null hypothesis)의 형태로 기술한다. 영가설의 전형적인 형태는 '실험 집단 혹은 실험 조건들 간에 유의미한 차이가 없다'는 것이다. 반면에 대립가설(antihypothesis)은 '실험 집단 혹은 실험 조건들 간에 유의미한 차이가 있다'는 것이다.

보통 실험에서 설계를 부정확하게 하거나 정교하지 않게 하면 오차가 커진다. 이처럼 오차가 커지면 측정하고자 하는 요인의 효과를 오차로부터 효율적으로 변별해 내지 못하게 된다. 그러면 결과적으로 영가설을 기각하지 못하게 될 것이다. 이런 점에서 연구자의 목적은 영가설을 기각하는 것이라고 할 수 있다. 즉, 실험 집단 혹은 실험 조건들 간에 유의미한 차이를 찾는 것이다. 그리고 실험을 정교하게 설계할수록 영가설을 기각할 확률은 높아진다.

흥미로운 심리학 연구 ①

하버드 그랜트 스터디

심리학 연구가 사람들에게 줄 수 있는 최고의 선물 중 하나는 바로 '인생 사용법'이다. 즉, 인생을 성공적으로, 행복하게 살아가는 방법에 대해 알려주는 것이다. 하버드 대학교의 성인발달 연구가 그 대표적인 예다.

1937년 하버드 대학교의 성인발달 연구진은 전 생애에 걸친 발달 연구를 위해 재학생 268명을 선발했다. 나중에 미국의 대통령이 된 존 F. 케네디도 그 연구참여자 중 한 명이었다. 이 연구는 사업가 윌리엄 그랜트(William T. Grant)의 지원에 힘입어 진행되었기 때문에 일명 '그랜트 스터디(Grant Study)'로 불린다.

처음에 그랜트 스터디의 참여자로는 지적으로 뛰어난 남학생들만 선발했다. 그러나 표본의 편향성 문제를 보완하기 위해 나중에 지적으로 뛰어난 여성 집단과 사회경제적으로 매우 불리한 조건에서 생활했던 청소년 집단을 추가했다.

하버드 대학교의 성인발달 연구가 갖는 강점 중 하나는 전향적(prospective) 연구라는 점이다. 전향적 연구에서는 연구참여자가 청소년기 혹은 성인 초기에

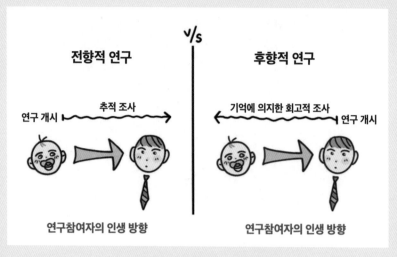

그림10 전향적 연구 vs. 후향적 연구

보였던 모습이 노년기의 삶에 어떤 영향을 미치는지를 장기간에 걸쳐 추적 조사한다. 이러한 전향적 연구는 연구참여자가 자신의 과거 모습을 회상하는 방식을 활용하는 후향적(retrospective) 연구가 보이는 약점인 '기억의 왜곡 문제'를 방지할 수 있다.

하버드 대학교의 성인발달 연구는 인간의 삶이 마치 애벌레가 나비로 성장해 가는 것처럼 평생 변화하고 성장해 간다는 점을 분명하게 보여준다. 그 연구 결과에 따르면, 인간에게는 어린 시절의 경험, 유전, 환경 같은 삶의 조건들이 미치는 영향력을 뛰어넘을 수 있는 심리적 잠재력이 있다.

하버드 대학교의 성인발달 연구가 보여주는 가장 흥미로운 결과 중 하나는 삶에서는 '잘되어 가는 일들'이 '잘못 되어가는 일들'보다 행복에 더 중요한 영향을 준다는 점이다.[45] 이 연구에 따르면, 삶에서는 부정적 사건보다 긍정적 사건이 더 중요하다. 행복 같은 긍정적 감정이 우울 같은 부정적 감정보다 더 중요하다. 또 인간적 약점은 강점을 지혜롭게 활용하는 것을 통해 극복할 수 있다. 그리고 다른 사람들로부터 받은 상처는 다른 사람들과의 사랑을 통해 치유될 수 있다.

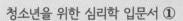

청소년을 위한 심리학 입문서 ①

『행복의 비밀』

조지 베일런트 지음, 최원석 옮김, 21세기북스, 2013.

이 책은 하버드 그랜트 스터디가 밝힌 행복한 인생의 비밀을 소개한다. 하버드 그랜트 스터디는 75년에 걸친 지속적인 관찰을 통해 사실상 연구참여자들에 대한 평생의 데이터를 축적한 독보적인 연구다. 하버드 그랜트 스터디는 인간의 성격이 세월이 흘러감에 따라 변할 뿐 아니라, 불행한 과거를 가지고 있는 사람도 삶의 다양한 문제들에 대해 심리학적으로 성숙하게 대처하는 것을 통해 얼마든지 행복한 삶을 사는 것이 가능하다는 점을 보여준다.

2장
정서·인지·행동의
비밀을 찾아서

흔히 청소년기를 '질풍노도(疾風怒濤)'의 시기라고 부른다. 다시 말해서, 청소년기는 '강한 바람'과 '성난 파도'처럼 사고와 감정 모두를 격정적으로 경험하는 시기다. 그 영향으로 청소년들의 마음속에는 불평과 불만이 가득 들어차 있기 마련이다. 이 시기에는 어느 때보다도 '나는 왜 이럴까?'라는 의문이 많이 들기도 한다. 2장에서는 우리의 마음이 작동하는 독특한 방식에 관해 살펴보도록 하겠다.

1

인간의 마음과 행동에 사는 마인드버그

기억해야 할 것을 기억하기 위해

영국의 사학자이자 철학자, 수필가 토머스 칼라일(Thomas Carlyle)은 "인간의 가장 큰 실수는 우리가 결코 실수를 하지 않는다고 생각하는 것이다"[1]라고 말했다. 컴퓨터에 컴퓨터버그가 있는 것처럼, 인간의 마음과 행동에도 마인드버그★가 존재한다.

세계적인 첼로 연주가 요요마(Yo-Yo Ma)는 어느 날 뉴욕에서 30억 원이 넘는 고가의 첼로를 택시의 트렁크에 싣고 출발했다.[2] 10분 후 목적지에 도착했을 때, 그는 택시 기사에게 요금을 지불한 후 첼로를 트렁크에 그대로 둔 채 내렸다. 몇 분 후 첼로를 택시에 두고 내렸다는 사실을 깨달은 그는 경찰에 신고했고 수소문 끝에 무사히 첼로를 찾을 수 있었다. 요요마가 택시에서 내릴 때 첼로를 트렁크에서 꺼내야 한다는 중요한 과

마인드버그(mindbug)

마인드버그는 우리의 사고에서 오작동을 일으키는 뿌리 깊은 사고 습관(thought habit).

우리가 지각하고 기억하고 추론하고 결정할 때에 오류를 초래하는 일종의 숨겨진 편견인 마인드버그는 의식적인 수준에서 일어나는 것이 아니며 잠재의식의 일부이기 때문에 쉽게 제거할 수 없음. 하지만 우리가 마인드버그의 존재를 인식하고 마인드버그가 의사결정에 미치는 영향을 막기 위해서 의식적인 노력을 하는 것은 가능함.

제를 잠시 잊었다가 10분쯤 뒤에 다시 떠올린 일화는 우리의 정신 과정에 관해 중요한 시사점을 준다.

요요마의 실수는 우리의 기억이 단기기억과 장기기억으로 나뉘어 있는 것과 관계가 있다. 장기기억은 정보를 오랫동안 저장하고 인출할 수 있는 능력을 뜻한다. 일반적으로 장기기억에는 용량의 제한이 없는 것으로 알려져 있다. 놀랍게도 사람들은 수십 년 이상 다양한 정보들을 머릿속에 담고 있을 수 있다. 예를 들면, 50년이 지난 시점에서도 사람들은 고등학교 졸업앨범에서 자신의 친구들을 정확하게 기억해 낼 수 있다.

장기기억과 달리 단기기억에는 용량의 제한이 있다. 보통, 사람들은 전화번호나 은행의 계좌번호를 떠올릴 수 있는 정도의 단기기억 용량을 갖고 있다. 흔히 기억의 단기저장소에서 정보가 능동적으로 유지되는 것을 '작업기억(working memory)'이라고 부르는데, 일반적인 지속시간은 15~20초 수준이다.

요요마가 실수를 하게 된 것은 그가 택시에서 내리는 순간 첼로를 트렁크에 두었다는 정보를 그의 작업기억이 떠올리지 못했기 때문이다. 반면에 그의 장기기억에는 그 정보가 담겨있었고 그 덕분에 뒤늦게라도 택시의 트렁크에 첼로를 넣어두었다는 사실을 떠올릴 수 있었다.

아마도 요요마처럼 대부분의 사람들은 비 오는 날 우산을 어딘가에 두고 오거나 중요한 물건을 어디에 놓고 온 경험이 있을 것이다. 보통 이러한 실수는 '방심'이나 '부주의'에 의한 경우가 많다. 이러한 실수를 줄이려면 중요한 물건을 분실하지 않을 수 있게 해주는 '인출 단서'를 활용하는 것이 효과적이다. 인출 단서는 우리가 기억해야 할 것을 기억하도록 하는 데 효과적이다. 요요마의 경우, 같은 실수를 반복하지 않으려면 택시비를 낼 때 사용할 신용카드나 휴대전화 뒷면에 첼로를 떠올 릴 수 있는 인출 단서를 붙여두는 것이 효과적일 수

있다. 예를 들어, 신용카드 뒷면에 첼로 그림이 있는 조그만 스티커를 붙 여두는 것이다.

이처럼 인출 단서*를 활용하는 것은 시험공부에도 도움이 될 수 있다. 요즘 청소년들은 시험공부를 카페에서 할 때가 있다. 하지만 심리학적 관 점에서 볼 때, 이러한 공부 방식은 좋은 성적을 올리는 데 그다지 효과적 이지 않다. 시험을 보는 장소와 학습 장소가 유사할 경우, 비슷한 환경 조 건이 기억을 위한 인출 단서 역할을 해서 시험을 보는 동안 학습 내용이 더 잘 떠오른다.

따라서 시험 대비를 위해 공부하는 경우, 장소는 소음이 많은 카페보 다는 시험이 진행되는 교실처럼 조용한 공간이 더 좋다. 특히, 실제로 시 험을 보게 될 교실에서 공부한다면 학습한 것을 시험 때 더 성공적으로 인출해 낼 수 있다. 이것이 바로 수업 시간에 집중해서 공부하는 것이 최 상의 결과를 낳는 이유 중 하나다.

채워 넣기의 달인, 뇌

뇌는 채워 넣기의 명수다.[3] 우리의 뇌는 우리에게 동의도 구하지 않은 채 없는 것을 태연하게 만들어낸다. 다음의 문제를 한번 풀어보기 바란

다. 아래 목록에 있는 단어들을 천천히 하나씩 읽어본 다음, 손이나 다른 종이로 목록 속의 전체 단어들을 가린 상태에서 이어지는 질문에 답하면 된다.

침대	휴식	깨어 있는	피곤함	꿈	일어나기	졸기	담요
꾸벅꾸벅	선잠	코 골기	낮잠	평화	하품하기	나른한	

질문은 이것이다. 다음의 단어들 중 앞에서 본 목록에 포함되어 있지 않은 것은 어느 것인가?

① 침대 　② 졸기 　③ 잠자기 　④ 가솔린

물론 가솔린은 앞의 목록에 없던 단어다. 그런데 중요한 것은 목록에 없던 단어가 하나 더 있다는 사실이다. 그것은 바로 '잠자기'다.

사람들은 흔히 이 문제를 풀 때 잠자기라는 단어를 목록에서 본 것 같다는 생각을 한다. 우리의 뇌는 목록에 있는 단어들을 보면서 개별 단어들을 머릿속에 저장하는 것이 아니라, 서로 연관된 단어들의 핵심 개념을 저장한다. 즉, 위의 목록에서는 단어들이 잠자기와 관계있다는 정보를 저장한다. 그래서 목록에서 잠자기라는 단어를 본 것 같은 착각에 빠진다. 이런 방식으로 우리의 뇌는 경험의 조각들을 짜 맞추는 조작을 일삼는다.

뇌가 이처럼 현실에 없는 것을 채워 넣는 것은 기억에서만 나타나는 현상이 아니다. 뇌의 채워 넣기 현상은 지각 과정에서도 흔하게 일어난다.

우리의 눈동자는 시신경이 있는 영역에서는 외부의 이미지를 입력할 수 없다. 이 부분을 '맹점(blind spot)'이라고 부른다. 맹점에는 시각 수용

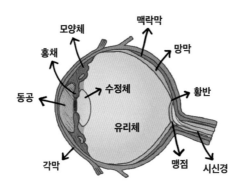

그림 11 안구의 구조와 맹점

기가 없기 때문에 물체의 상이 맺히지 않는다. 그림 11에는 우리 눈에 있는 맹점이 표시되어 있다.

맹점이 있는 것을 확인할 수 있는 간단한 방법이 있다. 먼저, 왼쪽 눈이나 오른쪽 눈 중 하나를 감아보라. 그리고 책과 약 40센티미터 정도 거리를 둔 상태에서 오른쪽 눈을 뜨고 있는 경우라면 아래 그림에서 글자 R에, 왼쪽 눈을 뜨고 있는 경우라면 글자 L에 시선을 고정한 다음 서서히 가까이 다가가보라. 그러면 어느 순간 옆에 있는 글자가 사라지게 될 것이

R   L

그림 12 맹점을 확인하는 방법

다. 맹점 안에 그 글자가 들어갔기 때문이다. 이때 중요한 점은 오른쪽 눈으로 R을 보고 왼쪽 눈으로 L을 봐야 한다는 것이다.

여기서 정말로 흥미로운 부분은 이제부터다. 직접 맹점을 확인했다면, 다음의 질문에 답해 보라. 글자 R 또는 글자 L이 사라진 자리에 무엇이 있었는가? 배경색이 있었을 것이다. 우리가 맹점의 존재를 잘 의식하지 못하는 이유가 바로 여기 있다. 우리의 뇌가 맹점에 해당하는 빈 공간을 배경색으로 채워 넣는 것이다. 이처럼 우리의 뇌는 채워 넣기를 통해 다양한 현실에서 착각과 왜곡을 일으킨다.

기억이라는 실수투성이

보통 우리는 기억을 통해 과거를 재구성한다. 다시 말해서, 기억은 우리에게 있는 그대로의 과거 모습을 보여주지 않는다.

한 기억 관련 실험에서 연구참여자들에게 교통사고 목격 장면이 담긴 슬라이드 사진들을 보여주었다.[4] 그 사진들에는 빨간색 자동차가 양보 신호 표지판 앞에서 잠시 멈춘 후 우회전을 하다가 교통사고를 내는 장면이 담겨있었다.

이 실험에서는 연구참여자를 두 집단으로 나누었다. 한 집단은 슬라이드 사진들을 본 후에 실험자에게 아무 질문도 받지 않았다. 반면에 다른 집단은 슬라이드 사진들을 본 후에 실험자로부터 "빨간색 자동차가 정지 신호 표지판 앞에 서 있을 때 그 옆에 또 다른 차가 있었나요?"라는 질문을 받았다.

그 후 두 집단 모두에게 양보 신호(왼쪽)와 정지 신호(오른쪽) 표지판을 보여주었다. 그리고 연구참여자들에게 앞서 슬라이드 사진으로 보았던 표지판이 어느 것인지 선택하도록 했다. 두 집단 모두 실제로 본 것은 양보 신호 표지판이었다. 실험자로부터 아무런 질문도 받지 않았던 연구참여자들은 90퍼센트 이상이 양보 신호 표지판을 선택했다. 하지만 질문을 받았던 연구참여자들은 80퍼센트가 정지 신호 표지판을 선택했다.

이러한 결과는 실험자의 질문이 연구참여자들의 기억을 바꾸는 역할을 했다는 점을 보여준다. 즉, 기억은 머릿속에 실제로 저장하지 않았던 세부적인 내용들을 나중에 채워 넣는 과정을 포함하고 있다고 할 수 있다. 다만 이러한 과정은 자동으로 이루어지기 때문에 우리는 잘 눈치 채지 못한 채 살아가게 된다.

때때로 기억의 왜곡 현상은 매우 심각한 문제를 낳기도 한다. 심리학자이자 기억연구자인 도널드 톰슨(Donald Thompson)은 이러한 기억의 왜곡 현상 때문에 애꿎은 피해자가 될 뻔했다.[5] 그는 자신이 저지른 적이 없는 범죄의 유력한 용의자로 고발당한 적이 있다. 피해자가 그를 범죄자로 지목했기 때문이다.

다행히 그에게는 완벽한 알리바이가 있었다. 범죄가 일어나던 시간에 생방송 TV 프로그램에서 기억의 왜곡 문제에 관한 인터뷰를 하고 있었던 것이다. 실제로 피해자는 범죄가 일어나던 시간에 도널드 톰슨이 인터뷰하던 방송을 보고 있었고, 기억의 왜곡으로 그를 범죄자로 잘못 기억했던 것이다.

이러한 기억의 왜곡 현상이 무고한 피해자를 양산하는 것은 매우 보편적인 일로 보인다.[6] 예를 들면, 범죄 혐의로 기소되었다가 DNA 검사를 통해 무죄가 증명된 250건의 사례 중 75퍼센트 이상이 목격자의 기억 왜곡이 기소를 잘못하게 된 요인 중 하나였던 것으로 밝혀졌다.

2
나는 내가 왜 낯설까?

두 개의 사령탑이 존재하는 두뇌

흔히 사람들은 자신의 마음속에서 일어나는 일을 당연히 알고 있다고 생각한다. 이따금 자신의 속마음을 잘 모르겠을 때는 의아해한다. 또 사람들은 뇌 속에 일종의 사령관 역할을 하는 무언가가 존재한다고 믿는다. 그리고 그 사령관이 나에 관해 여러 정보를 종합한 후 합리적으로 의사 결정을 한다고 생각한다. 하지만 심리학이 밝혀낸 마음의 모습은 사람들의 이러한 믿음과는 사뭇 다르다.

우리의 마음이 작동하는 방식은 대부분 사람들의 눈에 보이지 않는다. 게다가 우리의 마음속에서는 우리가 생각하는 것보다 훨씬 더 많은 일들이 일어난다. 사실, 우리의 마음은 일반적으로 사람들이 알고 있는 것과는 다른 방식으로 우리의 행동에 영향을 준다.

우선, 사람들은 자신의 마음속에서 일어나는 일을 잘 모르는 채로 살아간다. 왜냐하면, 우리에게는 마음과 행동을 꿰뚫어 보는 동시에 결정권을 갖는 사령관 같은 것이 존재하지 않기 때문이다. 인간의 두뇌에는 하나의 사령탑이 존재하는 것이 아니라 두 개의 사령탑이 상호보완적으로 작동한다.[7] 우리 뇌에는 좌뇌와 우뇌가 존재하며 각 뇌에 다른 의식이 존재한다. 좌뇌는 분석 및 논리적 사고와 언어 기능을 담당한다. 그리고 우뇌는 시공간 지각, 정서, 예술적 능력을 담당한다.

1970년대 말에 심리학자 마이클 가자니가(Michael S. Gazzaniga, 1939~)는 커다란 캠핑카를 타고 미국의 동북부 지역을 누비고 다녔다.[8] 뇌전증* 환자들을 찾은 후 그들을 대상으로 우리의 뇌가 기능하는 독특한 방식을 연구하기 위해서였다.

뇌전증에서의 대발작은 마이크를 스피커에 연결하는 회로에 이상이 생겼을 때 일어나는 하울링(howling) 현상과 유사하다. 하울링은 마이크로 입력된 소리가 스피커로 나오고 다시 스피커에서 흘러나온 소리가 마이크로 들어가는 순환 현상이 반복되는 것을 말한다. 뇌에서 대발작이 일어나면 생명을 위협할 수 있기 때문에 의사는 외과 수술을 통해 좌뇌와 우뇌를 연결하는 뇌량(corpus callosum)을 절단하는 비상조치를 취하기도 한다. 이렇게 뇌량이 절단된 환자의 뇌를 '분리-뇌(split brain)'라고 부른다.

분리-뇌 환자를 대상으로 한 연구는 뇌가 작동하는 원리를 탐구할 수

뇌전증(epilepsy)

일시적으로 뇌 신경세포가 이상을 일으켜 과도한 흥분 상태를 유발해 발생하는 증상. 주요 증상은 의식 소실과 운동성 경련 발작이지만, 영향을 받는 뇌의 영역에 따라 다양한 양상으로 나타날 수 있음.

일반적으로 흔히 관찰되는 전신 발작 증상은 의식 잃음, 호흡 곤란, 청색증(얼굴이 파랗게 되는 증상), 고함, 전신이 뻣뻣해지고 눈동자와 고개가 한쪽으로 돌아가는 강직 현상 등임. 신체 강직이 일정 시간 지속된 후에는 팔다리가 규칙적으로 떨리는 증상이 나타나며 입에서 침과 거품이 나옴.

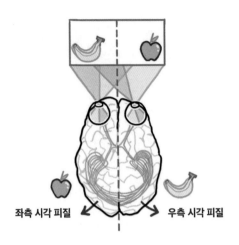

좌측 시각 피질 ← → 우측 시각 피질

그림 13 '분리-뇌' 환자의 좌뇌와 우뇌에 입력되는 정보의 차이

있는 기회를 준다. 분리-뇌 환자에게 위 그림처럼 바나나와 사과를 보여
주면, 시야의 좌측 정보(바나나)는 우뇌로 전달되고 시야의 우측 정보(사
과)는 좌뇌로 전달된다. 그런데 분리-뇌 환자의 경우, 뇌량이 끊어져 있어
좌뇌의 정보와 우뇌의 정보가 소통하지 못한다. 그래서 분리-뇌 환자의
좌뇌와 우뇌에는 서로 다른 시각 정보가 들어가게 된다.

이 상황에서 분리-뇌 환자에게 방금 본 것을 말해 보라고 하면, 사과
라고 대답한다. 언어는 좌뇌가 담당하는데 좌뇌에는 바나나라는 정보는
없고 사과라는 정보만 들어 있기 때문이다. 반면에 분리-뇌 환자의 왼손
에 펜을 쥐어주고 방금 본 것을 그림으로 그려보라고 하면, 바나나를 그
린다. 왼손은 우뇌의 통제를 받는데, 분리-뇌 환자의 우뇌에는 사과라는
정보는 없고 바나나라는 정보만 들어 있기 때문이다.

이 상황에서 분리-뇌 환자에게 왜 바나나를 그렸냐고 물어보면, 언어를 담당하는 좌뇌에는 바나나에 관한 정보가 없기 때문에 원래는 '잘 모르겠다'고 대답해야 한다. 하지만 분리-뇌 환자는 태연하게 "저는 바나나를 좋아하기 때문에 바나나를 그린 겁니다"라는 식으로 둘러댄다.

이처럼 분리-뇌 환자들의 뇌에는 서로 다른 두 개의 의식이 공존한다. 그렇기 때문에 분리-뇌 환자들은 자신이 처한 상황을 잘 모르는 상태에서는 때때로 이상한 변명을 늘어놓기도 한다. 억지 논리를 사용해서라도 앞뒤가 잘 맞지 않거나 연결이 잘 안 되는 이야기를 억지로 잇는 것이다.

흔히 우리 머릿속에서도 일어나는 충돌

분리-뇌 환자는 겉보기에 일반인과 거의 차이가 없어 보인다. 일상 대화를 나누는 데도 큰 문제가 없는 것처럼 보인다. 하지만 신체의 우측면을 통제하는 좌뇌의 정보와 신체의 좌측면을 통제하는 우뇌의 정보가 서로 전달되지 못하기 때문에 실제로는 혼란스러운 모습을 보인다.

예를 들면, 어떤 분리-뇌 환자는 왼손으로는 자기 아내와 포옹하려 하면서도 오른손으로는 아내의 얼굴을 때리려고 하기도 한다.[9] 아내를 좋아하는 감정과 미워하는 감정이 공존하는 상태에서 뇌량이 절단되어 정보가 서로 통합되지 못한 것이다.

또 다른 분리-뇌 환자의 경우, 처음에 종교가 무엇이냐는 질문을 받았을 때는 언어 기능을 담당하는 좌뇌가 무신론자라는 답변을 내놓았다. 하지만 특별한 장치를 통해 좌뇌로는 질문에 관한 정보가 들어가지 않도록 한 상태에서 우뇌에 동일한 질문을 했을 때는 종교가 있다고 대답했다. 그렇다면 이 환자는 종교를 가진 사람일까 아닐까?

비록 분리-뇌 환자들만큼 극단적으로 나타나지는 않을지라도, 머릿속 두 개의 사령탑이 충돌을 일으키는 것은 일반 사람들에게서도 얼마든지 관찰할 수 있다. 예를 들면, 사람들에게 A와 B 중 어떤 제품을 구매할 것인지를 질문하면, 언어 중추인 좌뇌가 A(혹은 B)라고 대답할 수 있다. 하지만 실제로 백화점에 가서는 어느 쪽을 선택할지 주저하게 되거나 오히려 앞서 선택했던 것과는 다른 것을 선택할 수 있다.

인간은 혼란 속에서도 질서를 찾고자 하며 자신에게 일어나는 일들을 잘 짜인 하나의 스토리로 완성하려는 경향이 있다. 내 마음속에 사령관 역할을 하는 무언가가 존재하는 것 같은 인상이 드는 것도 바로 이러한 점과 관계가 있다.

분리-뇌 환자가 보여주는 것처럼, 인간의 좌뇌는 자기 생각과 일치하지 않거나 모순되는 상황 속에서도 마치 사령관 역할을 하는 존재가 있는 것 같은 인상을 만들어낸다. 그리고 자신의 인상을 정당화하기 위해 다양한 변명거리들을 만들어낸다. 하지만 좌뇌가 만들어내는 것과 같은 방식으로 작동하는 사령관은 우리 마음속에 존재하지 않는다.

더불어, 사람들은 흔히 자기가 본인의 의지대로 움직일 수 있다고 믿는다. 하지만 뇌전증 환자를 대상으로 한 연구는 이것 역시 사실이 아니라는 점을 보여준다.

뇌전증 환자를 수술하는 도중 뇌의 운동 기능을 담당하는 영역에 전기 자극을 가하면, 환자는 팔을 움직이게 된다.[10] 환자에게 이러한 절차를 통해 왼쪽 팔이 움직이게 될 거라고 알려주고, 환자가 자신의 의지를 써서 오른쪽 팔로 왼쪽 팔이 움직이지 않게 붙잡으려 시도하는 경우에도 결과는 바뀌지 않는다.

그림14 뇌 속의 난쟁이, 호문쿨루스

또 뇌수술 중에 관자놀이 부위에 해당하는 뇌의 측두엽(temporal lobe) 부분을 자극하면, 환자의 오래된 기억이 되살아나기도 한다.[11] 이때 환자들은 수십 년 전의 일들을 마치 오늘 일어나기라도 한 것처럼 생생하게 보고한다. 이러한 점들은 우리가 의지에 따라 움직이기도 하지만 우리의 행동이 의지대로만 움직이는 것은 아니라는 점을 보여준다.

뇌의 일부 영역에 전기 자극을 가했을 때 반응을 보이는 신체 영역을 일대일의 대응관계로 나타내면 그림 14와 같은 일종의 호문쿨루스, 즉 뇌 속의 작은 인간, 뇌 속의 난쟁이가 탄생한다. 이러한 그림은 뇌의 각 부분이 인간의 삶에서 얼마나 중요한 기능을 담당하고 있는지를 한눈에 보여준다. 뇌에서 머리와 손 부분을 담당하는 영역은 다른 신체를 담당하는 영역에 비해 상당히 크다. 그만큼 머리와 손은 우리의 생존 및 적응에 중요한 역할을 한다는 사실을 뜻한다.

　이러한 방법을 통해 알아낸 일종의 뇌 지도는 우리가 알고 싶어 하는 마음의 비밀과 관련해서 귀중한 정보를 제공해 준다. 하지만 오늘날에도 여전히 마음은 우주와 마찬가지로 우리에게 미스터리로 남아 있다.

3
우리의 의식이 닿지 않는 순간들

의식할 수 없는 자극이 주어질 때

여러분은 일명 '팝콘 실험'이라 불리는 전설적인 실험에 대해 들어본 적이 있을지 모른다.[12] 마케팅 연구자 제임스 비커리(James Vicary)가 뉴욕 교외의 한 극장에서 사람들이 영화를 보는 동안 순간노출기를 이용해서 3,000분의 1초라는 매우 짧은 시간 동안 "콜라를 마셔라!" 혹은 "팝콘을 먹어라!"라는 메시지를 보게 한 것이다. 이 메시지는 매우 짧은 순간 제시되었기 때문에 사람들은 자신이 그런 메시지를 봤다는 것을 전혀 알 수 없었다. 제임스 비커리의 주장에 따르면, 무려 4만 5천 명을 대상으로 테스트한 결과, 이러한 메시지가 포함된 영상을 본 후 콜라의 매출은 약 18퍼센트, 팝콘의 매출은 약 58퍼센트 늘어났다.

제임스 비커리의 주장이 보도되자, 그러한 실험이 갖는 잠재적인 위험성과 비윤리성 때문에 미국 전역이 들끓었다. 그 실험 결과는 인간의 마음과 행동이 자신도 모르는 사이에 외부의 힘에 조종당할 수 있다는 걸 보여주는 것이기 때문이다. 하지만 제임스 비커리가 나중에 한 인터뷰에서 기자에게 고통스럽게 고백한 내용에 따르면, 팝콘 실험 결과는 명백히 조작된 것이었다. 그 실험은 한 번도 온전하게 진행된 적이 없었다.

비록 제임스 비커리의 주장이 거짓으로 드러났을지라도, 그의 아이디어는 '식역하 점화(subliminal priming)'에 관한 많은 연구를 촉진했다. 식역하 점화는 우리가 의식할 수 없는 형태로 제시되는 자극의 영향을 받게 되는 현상을 말한다.

기본적으로 후속 연구 결과는 식역하 점화의 효과가 어느 정도는 우리의 생각과 행동에 영향을 줄 수 있다는 점을 보여준다. 식역하 점화의 효과를 연구하기 위한 전형적인 방법 중 하나는 그림 15와 같은 장치를 이용하는 것이다.[13] 이러한 실험 방법에서는 연구참여자의 시선을 고정점

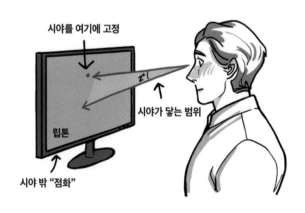

그림 15 식역하 점화의 효과를 연구하기 위한 전형적인 방법

부분에 붙들어놓기 위해 집중력을 요구하는 과제를 수행하도록 한다. 이 때 연구참여자의 시야에서 벗어난 지점에 점화 자극을 제시하면, 연구참여자들은 그 점화 자극의 존재를 의식하지 못한다.

요한 카레만스(Johan Karremans)와 동료들은 이러한 연구 방법을 활용해 '립톤(Lipton)'이라는 음료수 이름을 식역하 점화 자극으로 사용한 것이 그 음료수를 선택하는 행동에 미치는 효과를 조사했다.[14] 그 결과, 목마르지 않은 연구참여자의 경우에는 식역하 점화 효과가 나타나지 않은 반면, 목마른 연구참여자의 경우에는 식역하 점화 효과가 '립톤'이라는 음료수를 선택하고 마시게 될 의도를 증가시키는 것으로 나타났다.

그러나 우리의 뇌가 식역하 점화 자극을 처리하는 시스템은 기능이 매우 제한적인 것으로 보인다.[15] '적이 패하다(enemy loses)'라는 문장은 의미상 긍정적인 내용에 해당된다. 하지만 이 문장을 식역하 점화 자극의 형태로 제시하면 사람들은 이 정보를 부정적인 것으로 받아들인다. 아마도 우리의 뇌는 식역하 자극을 처리할 때 '적'과 '패하다'를 단순히 합치는 방식으로 정보를 처리하는 것 같다.

얕은 잠이든 깊은 잠이든 꿈을 꾼다

필요한 평균 수면 시간은 동물들마다 다르다.[16] 기린은 하루에 약 2시간 정도 잠을 자며, 박쥐는 20시간 동안 잠을 잔다. 인간은 평균적으로 8시간 정도 수면을 취한다.

여러분은 꿈을 얼마나 자주 꾼다고 생각하는가? 혹시 지난밤에 꾸었던 꿈을 지금 떠올릴 수 있는가? 이런 질문을 던지면, 꽤 많은 사람들이 자신은 꿈을 잘 꾸지 않는다고 답한다. 심지어는 전혀 꿈을 꾸지 않는다고 주장하는 사람들도 있다. 그리고 보통은 지난밤에 꾸었던 꿈을 기억해 내는 사람보다는 그렇지 않은 사람의 수가 더 많다. 하지만 실제로 대부분의 사람들은 잠을 자는 동안 꿈을 꾸기 마련이다. 이처럼 우리의 의식은 꿈과 잘 소통하지 못한다.

수면은 그림 16처럼 크게 4단계로 구분할 수 있다. 수면의 첫 번째 단계에서는 깨어 있던 사람이 졸음이 오기 시작하면서 의식이 몽롱해지는 경험을 하게 되는데, 이것을 입면기(入眠期)라고 부른다. 그다음 단계에서는 얕은 수면 상태를, 그 후 깊은 수면 단계를 경험하게 된다. 수면의 마지막 단계에서는 높은 수준의 뇌 활성화가 나타나면서 빠른 안구 운동(Rapid Eye Movements)을 나타낸다. 이를 REM 수면이라고 부른다. 보통 REM 수면 여부는 안구 운동을 추적하는 눈전위도 검사(electrooculography; EOG)로 측정하지만, 특별한 도구 없이 육안으로도

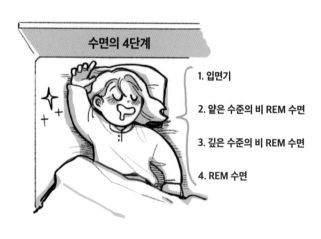

그림 16 수면의 4단계

관찰 가능하다.

REM 수면을 나타내는 사람을 깨워서 물어보면, 80퍼센트의 사람들이 꿈을 꾸고 있었다고 보고한다.[17] 그리고 REM 수면이 시작된 후 5분 또는 15분 후에 깨워서 얼마 동안 꿈을 꾼 것 같은지 질문하면, 약 83퍼센트의 사람들이 정확하게 자신이 꿈을 꾸었던 시간을 맞힌다. 이러한 결과는 우리가 동시에 여러 개의 꿈을 꾸는 게 아니라 실시간으로 꿈을 꾼다는 사실을 보여준다. 그리고 비록 REM 수면 때 꿈을 꾸는 것이 일반적이기는 하지만, 비(非) REM 수면 때 꿈을 꾸기도 한다.

일반적으로 REM 꿈과 비 REM 꿈은 다른 특징을 보인다.[18] REM 꿈에서는 강렬한 정서적 경험을 동반하며 비논리적인 동시에 비현실적인 사건들이 벌어진다. 예컨대, 하늘을 날거나 괴물들에게 쫓기는 꿈을 꾸는 것이다. 반면에 비 REM 꿈에서는 주로 일상생활에서 경험하는 사건들이 나타난다. 예컨대, 바쁜 와중에 물건을 사야 하는 상황에 대한 걱정이나 어떤 옷을 입고 외출할 것인지를 고민하는 일 등이다.

'수마(睡魔, 견딜 수 없이 오는 졸음을 악마에 비유하여 이르는 말)'라는 말이 있는 것처럼, 수면 욕구는 매우 강렬하다. 특히 여러 수면 단계 중에서도 REM 수면이 필수적이며 특별히 중요한 의미를 갖는 것으로 보인다.[19] 며칠간 REM 수면을 취할 수 없게 하자, 정상적인 과제 수행이 어려웠을 뿐 아니라 때로는 기억장애와 더불어 공격적인 모습을 나타냈다. 이러한 것은 사람뿐 아니라 쥐를 대상으로 한 연구에서도 마찬가지로 나타났다.

만약 오랫동안 수면이 박탈된 후 잠이 들면, 보통 때보다 REM 수면에 더 빨리 진입하고 REM 꿈을 더 많이 꾸게 된다.[20] 이처럼 수면 박탈 이후에 'REM 리바운드(REM rebound)' 현상이 나타나는 것은 수면 과정에서 REM 수면이 특히 중요한 역할을 한다는 점을 보여준다.

최면은 속임수일까?

한 방송 프로그램에서 최면술사가 등장해서 게스트나 방청객에게 최면(hypnosis)을 건 다음 기이한 행동을 시키는 것을 본 적이 있을지 모른다. 사실, 일부 방송에서는 최면에 걸린 사람들이 과장된 몸짓을 보이거나 때로는 최면에 걸리지 않은 상태에서 최면에 걸린 것처럼 연기하는 사람이 등장해 논란이 일기도 한다. 하지만 심리학에서 최면은 공식적인 연구 주제 중 하나다. 예를 들면, 미국심리학회(American Psychological Association)에는 56개 분과가 있는데, 그중 30번째로 승인받은 분과가 바로 심리최면학회(Society of Psychological Hypnosis)다.

최면은 최면가가 다른 사람이 세상에 대해 지각하고 생각하며 행동하는 방식을 변화시키는 일종의 사회적 상호작용이다.[21] 모든 사람이 최면에 걸리는 것은 아니다. 최면에 대한 민감성(susceptibility)은 사람마다 매우 다르다. 예컨대, 스스로 최면에 잘 걸린다고 생각하는 사람들은 실제로도 최면에 잘 걸린다. 또 극적인 상상을 잘하거나 어떤 대상이나 활동에 쉽게 빠져드는 사람도 최면에 걸리기 쉽다.

최면은 최면에 걸린 사람의 기억을 변화시킬 수 있다.[22] 최면 동안 일어났던 일들을 잊어버리라는 암시를 받은 사람은 실제로 기억을 떠올리는 데 실패하기도 한다. 예를 들면, 최면에 걸린 사람에게 몇몇 도시의 인구수를 학습하도록 한 다음 이러한 학습을 했다는 사실을 망각하라는 암시를 주면, 그 사람은 자신이 일반 사람들이 알 수 없는 도시의 인구수를 정확하게 알고 있다는 사실에 놀란다. 그 사람에게 어떻게 그 도시의 인구를 알게 되었냐고 물으면, TV에서 배웠을 거라는 식으로 둘러대는 답변을 한다. 이처럼 최면을 통해 기억을 잃게 된 경우에 다시 기억을

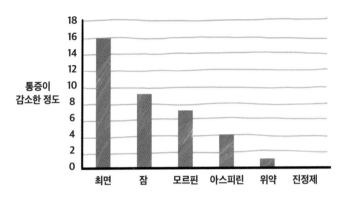

그림 17 다양한 처치를 통한 통증의 감소 정도

되찾는 것은 최면을 통해서만 가능하다.

최면의 또 다른 효과 중 하나는 통증을 경감시켜 주는 것이다.[23] 한 실험에서 연구참여자들에게 통증을 유발한 후 여러 처치 방법들의 통증 감소 효과를 비교했다. 그 결과, 최면이 다른 어떤 처치 방법보다도 통증 감소 효과가 뛰어났다. 이러한 결과는 최면에 대한 민감도가 높은 사람들의 경우에는 치과 치료나 수술 중 발생할 수 있는 통증을 관리하는 데 최면이 효과적인 방법이 될 수 있음을 보여준다.

최면이 통증을 다루는 데 효과적인 이유는 최면이 통증 자체를 감소시키기보다는 환자가 통증에 대해 해석하는 방식을 변화시켜 주기 때문인 것으로 보인다.[24] 다시 말해서, 최면에 걸린 환자는 여전히 통증과 연관된 감각을 느끼지만, 그러한 감각과 분리되어 있는 것처럼 느끼게 된다. 실제로 뇌영상 분석 자료는 최면이 통증에 대한 감각 처리 과정에 영향을 주는 것이 아니라 통증에 대한 정서적 처리 과정을 담당하는 뇌 영역의 활동을 감소시킨다는 것을 보여준다.

4
삶의 중요한 순간을 채색하는 정서

인류의 6가지 기본 정서

1922년에 소설가 버지니아 울프(Virginia Woolf)는 다음과 같은 의문을 제기했다. "인생에서 이상한 점은 누구에게나 그 속성이 수백 년 동안이나 명백해 보였음에도, 아무도 적절한 설명을 남기지 않은 것이 존재한다는 것이다. 런던의 거리에는 지도가 존재한다. 하지만 우리의 강렬한 감정*은 미지의 영역으로 남아 있다."[25]

하지만 버지니아 울프의 생각과 달리, 찰스 다윈은 이미 1872년에 『인간과 동물의 감정 표현』이라는 중요한 저술을 발표했다. 당시 서구 사회에서의 전통적인 시각은 정서*는 오직 인간만이 표현할 수 있다는 것이었다. 하지만 찰스 다윈은 동물도 정서적인 표현을 한다고 주장했다. 그에 따르면, 얼굴 표정은 진화의 산물로 인류의 보편적 특징이며 사회적

상호작용을 원활하게 해준다.[26]

폴 에크만은 찰스 다윈이 제안한 얼굴 근육 배치 형태를 고려하여 행복, 놀람, 공포, 분노, 혐오, 슬픔의 6가지 기본 정서를 나타내는 사진을 자극으로 사용한 연구를 수행했다.[27] 그는 이 사진 자극들을 아시아와 남미 등 다양한 문화권 출신 사람들에게 보여주고 각각의 얼굴 표정 사진과 일치하는 감정을 선택하도록 했다. 그 결과, 연구참여자들은 80~90퍼

센트 수준의 정확도를 나타냈다. 하지만 이 참여자들이 TV 등을 통해 미국식 감정 표현 방식에 이미 친숙할 수 있다는 반론이 제기되었다.

그래서 폴 에크만은 파푸아뉴기니의 고원지대로 가서 포레이(Fore)족을 연구하기로 했다.[28] 당시에 포레이족은 문자를 사용하지 않고 있었으며 기본적으로 현대 문명과 단절된 삶을 살고 있었다. 폴 에크만은 포레이족 원주민 300여 명을 대상으로 특정 감정 상태를 나타내는 이야기를 들려준 후 그 이야기와 관련 있는 얼굴 표정 사진을 고르게 했다. 예를 들어, 자식이 죽은 사람의 이야기를 들려주고 그 사람의 감정에 해당하는 얼굴 표정 사진을 선택하도록 한 것이다.

그 결과, 포레이족 성인은 6가지 기본 정서 사진들을 평균 81퍼센트 수준으로 정확하게 판별했다. 특히 포레이족 아동이 보인 정확도는 무려 92퍼센트에 달했다. 하지만 포레이족에게 이야기를 들려준 다음 해당 인물이 나타낼 표정을 직접 지어보라고 요청했을 때, 다른 감정들은 명확하게 표정을 지을 수 있었지만 놀람과 공포는 구분하기 어려워했다. 놀랄 만한 이야기를 들었을 때 공포 표정을 짓거나 무서운 이야기를 들었을 때 놀라는 표정을 짓기도 했다. 그렇지만 포레이족의 공포 및 놀람 표정

| 행복 | 놀람 | 공포 |
| 분노 | 혐오 | 슬픔 |

그림 18 폴 에크만의 6가지 기본 정서

이 다른 4가지 표정과 구분되는 것은 분명했다.

일반적으로 문명사회에서는 놀람 표정과 공포 표정이 분명하게 구분된다. 그와 대조적으로 포레이족은 6가지 기본 정서를 명확하게 식별할수는 있지만, 사회적으로 놀람 표정과 공포 표정을 구분해서 표현하지는 않는 것으로 보인다. 이처럼 정서와 관련해서 잠재적으로 활용할 수 있는 능력을 갖고 있는 것과 그것을 실제로 사용하는 것은 일치하지 않을수 있다.

폴 에크만의 주장은 인도네시아의 고립된 지역에서 생활하는 다니(Dani)족을 대상으로 한 연구에서도 검증되었다. 이런 점에서 행복, 놀람, 공포, 분노, 혐오, 슬픔의 6가지 기본 정서들은 가치관, 종교, 정치 형태, 경제적 발전 정도 등 문화의 여러 요소와 무관한 인류의 보편적 특성이라고 할 수 있다.

행복해서 웃는 것일까, 웃어서 행복한 것일까?

여러분이 화창한 봄날에 동물원 나들이를 갔다고 가정해 보자. 그런데 어느 순간 우리에서 탈출한 곰이 멀리서 달려오는 것을 보게 되었다. 그러면 우리는 어떻게 반응하게 될까? 보통 사람들은 곰을 발견한 순간 공포를 느끼고, 그 결과 심장이 빠르게 뛰게 된다고 생각한다.

하지만 윌리엄 제임스는 정반대의 주장을 했다. 그는 사람이 곰을 보면 심장이 먼저 뛰고 그다음에 공포를 경험하게 된다고 주장했다. 그에 따르면 신체의 변화에 대한 느낌이 바로 정서가 된다. 비슷한 시기에 덴마크의 생리학자 칼 랑게가 같은 주장을 해서 이러한 관점을 '제임스-랑게 이론'이라고 부른다.[29]

제임스-랑게 이론을 지지하는 증거 중 하나로 안면 피드백 가설(facial feedback hypothesis) 실험을 들 수 있다. 이 실험에서는 연구참여자들 중 한 집단에게는 웃는 것과 유사한 표정이 되도록 펜을 위와 아래 치아 사이에 물고 있도록 했다. 그리고 나머지 집단에게는 찡그린 표정과 비슷한 표정이 되도록 펜을 코와 윗입술 사이 인중 부분에 걸치고 있도록 했다. 그 후 이들에게 동일한 만화를 보여주고 얼마나 재미있는지를 평가하게 했다. 그 결과, 행복한 표정을 지었던 집단이 찡그린 표정을 지었던 집단보다 만화를 더 재미있다고 평가했다. 단순히 얼굴 표정을 바꾼 것만으로도 정서가 변한 것이다.

하지만 미국의 생리학자 월터 캐넌(Walter Cannon, 1871~1945)과 그의 제자 필립 바드(Philip Bard, 1898~1977)는 제임스-랑게 이론에 대해 비판적 입장을 취했다.[30] 그들에 따르면 제임스-랑게 이론은 다음과 같은 문제가 있다.

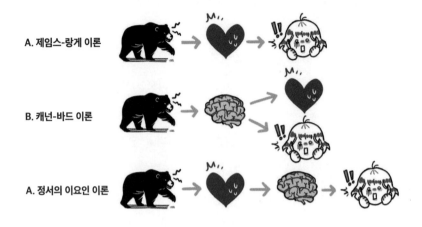

A. 제임스-랑게 이론

B. 캐넌-바드 이론

A. 정서의 이요인 이론

그림 19 정서에 대한 다양한 이론

첫째, 어떤 정서 반응은 신체 반응보다 먼저 나타난다. 예를 들어, 사건에 대한 정서적 반응은 곧바로 일어나지만 얼굴이 붉어지는 신체 반응은 십여 초 걸려야 나타난다. 둘째, 모든 신체 반응이 정서적 경험을 불러일으키지는 않는다. 예를 들어, 침실의 온도가 상승하면 심장 박동도 증가하지만 그렇다고 해서 공포 반응이 나타나지는 않는다.

셋째, 정서마다 고유한 신체 반응이 정해져있는 것은 아니다. 상이한 정서 반응들이 동일한 신체 반응을 유발하기도 하고, 상이한 신체 반응들이 동일한 정서 반응을 나타내기도 한다. 이러한 관점에서 캐넌-바드 이론에서는 정서적 자극은 뇌에서 먼저 정보 처리가 이루어지며 그 후 자율신경계의 반응과 정서적 경험이 사실상 동시에 나타난다고 본다.

훗날 미국의 심리학자 스탠리 샥터(Stanley Schachter, 1922~1997)와 제롬 싱거(Jerome E. Singer, 1934~2010)는 그 두 가지 이론을 통합해

'정서의 이요인 이론(two-factor theory)'을 제안했다. 두 사람에 따르면, '생리적 각성' 상태에 대해 우리의 '뇌가 어떻게 해석'하느냐에 따라 상이한 정서 반응이 산출된다.

아드레날린(adrenaline)

부신수질에서 분비되는 교감신경 흥분성 호르몬으로, 에피네프린이라고도 함. 혈액 순환, 호흡 속도, 혈당 수준 등을 높임으로써 개체가 위기 상황에 대응할 수 있도록 하지만, 동시에 면역체계를 억제시킴.

그들은 연구참여자들에게 아드레날린★을 주사한 후, 한 집단에는 아드레날린의 효과를 설명해 주고 나머지 집단에는 그러한 정보를 주지 않았다. 일반적으로 아드레날린을 투약하면 심장 박동이 증가한다. 그다음 약물에 대한 설명을 들은 집단과 듣지 못한 집단 모두 실험 참여 과정에서 행복한 사람을 연기하는 사람(실험자)과 함께 있도록 했다.

실험 결과, 아드레날린의 효과에 대한 설명을 들은 집단은 자신의 신체적 흥분 반응이 약물 때문이라고 생각해 행복도가 증가하지 않았다. 반면, 그러한 설명을 듣지 못했던 집단은 자신의 신체적 흥분 상태를 행복도가 높은 상태에 있는 것으로 지각했다.

이러한 점은 연구참여자들에게 아드레날린을 주사한 후 화난 사람을 연기하는 사람(실험자)과 함께 있도록 한 경우에도 유사하게 나타났다. 아드레날린의 효과에 대한 설명을 들은 집단은 스스로 화난 상태로 지각하지 않은 반면, 그러한 설명을 듣지 못했던 집단은 자신의 신체적 흥분 상태를 화가 난 상태에 있는 것으로 지각했다. 따라서 우리가 어떤 감정을 경험하는가 하는 점은 동일한 신체적 반응 상태에 있다 하더라도 상황을 어떻게 해석하느냐에 따라 달라진다.

사회적 초콜릿, 미소

찰스 다윈은 자신의 자녀들이 자라는 모습을 오랫동안 관찰한 후, 미소가 웃음이 나타나는 출발점이라고 생각했다.[31] 그에 따르면, 미소를 지을 때 입가의 꼬리가 올라가는 것은 화가 났을 때 입을 다물게 되는 것과 반대되는 표현 형식이다. 그리고 미소를 지을 때 입이 열리는 것은 나중에 웃을 때 숨을 내뱉거나 소리를 내는 것을 가능하게 해주는 전 단계에 해당된다고 보았다.

하지만 찰스 다윈의 이러한 생각은 잘못된 것으로 밝혀졌다. 왜냐하면, 웃음과 미소는 사회적으로 다른 의미를 지니는 행동이기 때문이다. 미소는 상대방에 대한 친화적 태도를 촉진할 때 나타나는 행동인 반면, 웃음은 놀이와 즐거움을 촉진하기 위한 행동이다.

사람들의 미소는 진정한 미소와 가짜 미소 두 가지로 구분할 수 있다. 폴 에크만은 진정한 미소를 '뒤센 미소(Duchenne's Smile)'라고 불렀다. 그가 이러한 이름을 붙이게 된 이유는 프랑스의 신경해부학자 기욤 뒤센(Guillaume Duchenne, 1806~1875)의 공헌을 기리기 위한 것이었다. 그림 20에 나오는 것처럼, 뒤센 미소에서는 눈가에 주름이 잡히고 뺨이 들어 올려지며 입가에는 보조개가 생긴다. 대조적으로, 가짜 미소에서는 입가의 꼬리만이 올라간다. 흔히 가짜 미소를 항공사 승무원들이 짓는 미소, 즉 '팬암 미소'라고도 부른다. 팬암은 과거에 미국을 대표했던 항공사인 팬아메리칸월드항공(Pan American World Airways)의 애칭이다.

미국의 심리학자 대커 켈트너(Dacher Keltner, 1962~)는 미국 서부의 여자 대학인 밀스 칼리지(Mills College)를 1959년과 1960년에 졸업한 사람 110명을 대상으로 뒤센 미소의 효과를 조사했다. 그는 밀스 칼리지

뒤센 미소
(진짜)

팬암 미소
(가짜)

눈가의 주름

뺨이 올라감

입가의 보조개

그림 20 뒤센 미소와 팬암 미소

졸업생들이 졸업 사진에서 따뜻한 뒤센 미소를 짓는 정도를 평가했다.[32] 그 후 이 평가 정보를 졸업생들이 졸업 후 30년 동안 삶에 적응해 나간 모습과 비교했다. 그 결과, 졸업 사진에서 따뜻한 미소를 보인 졸업생들은 대체로 27세쯤 결혼해서 30년간 만족스러운 결혼 생활을 하는 편으로 나타났다. 그리고 이들은 52세 때 사회적인 성취 수준도 높은 것으로 나타났다. 또한 신체적 문제뿐만 아니라 불안과 우울 등 심리적 문제도 적게 나타났으며, 그만큼 삶에 대한 만족도가 높은 것으로 나타났다.

밀스 칼리지 졸업생들을 하루 동안 낯선 사람들과 함께 보내게 했을 때, 졸업 사진에서 따뜻한 미소를 보였던 졸업생들은 다른 사람들에게 우호적인 인상을 주는 것으로 나타났다. 따뜻한 뒤센 미소가 긍정적 형태의 사회적 만남을 이끌어내는 것이다. 이러한 결과들은 외모가 주는 매력도를 통제한 상태에서도 유사하게 나타났다. 이는 따뜻한 미소가 주는 사회적 효과가 신체적 매력도와는 별개의 효과를 갖는다는 의미이다.

5
지능은 얼마나 중요할까?

다양한 지능검사 방법

19세기 말 프랑스 정부는 교육개혁을 통해 특수 계층 자녀뿐만 아니라 모든 아이들이 교육 받을 수 있도록 하는 의무교육 제도를 시행했다.[33] 문제는 아이들의 학습 능력에 편차가 있어, 평준화된 교육을 받는 데 어려움이 있는 특수한 아이들이 있었다는 점이다. 이에 특수교육을 받아야 하는 아이들을 선별하기 위한 도구가 필요하게 되었다.

이러한 문제를 해결하기 위해 프랑스의 심리학자 알프레드 비네(Alfred Binet, 1857~1911)와 테오도르 시몽(Theodore Simon, 1873~1961)은 최초의 지능검사인 '비네-시몽 검사(Binet Simon Intelligence Scale)'를 개발했다.[34] 이 검사에서는 지능을 정신연령의 개념으로 평가했다. 만약 실제 나이가 6세인 아동이 8세 수준에 해당하는 지적 수행을 나타내면 정신연령이 8세가 되고, 나이가 10세인 아동이 7세 수준에 해당하는 지적 수행을 나타내면 정신연령이 7세가 되는 식이다.

미국의 심리학자 루이스 터먼(Lewis Terman, 1877~1956)은 비네-시몽 검사를 수정 보완해 '스탠퍼드-비네 검사(Stanford-Binet Intelligence Scale)'를 개발했다.[35] 그는 비네-시몽 검사의 문항 수가 적어 검사 점수의 분포가 제한되는 약점을 보완하는 동시에 정신연령을 생활연령과 비교해 지능 수준을 산출하는 비율 IQ(ratio IQ) 개념을 사용했다. 이 방법에서는 10세 아동이 13세 수준의 정신연령을 나타낼 경우 IQ가 130이 된다(13/10×100=130).

하지만 비율 IQ에는 약점이 존재한다. 나이가 올라갈수록 높은 수준의 IQ를 받기가 더 어려워지는 것이다. 예를 들면, 4세 아동이 6세 수준의 정신연령을 나타내면 IQ가 150이 되지만, 30세 성인이 IQ가 150이 되려면 45세 수준의 정신연령을 나타내야 하는 것이다. 다시 말해서, 150이라는 IQ를 얻으려면 4세 아동은 또래보다 2년 정도 앞서면 되지만, 30세 성인은 동년배보다 15년을 앞서야 하는 것이다. 또한 정신연령이 신체연령처럼 계속해서 증가하지는 않으므로 연령이 증가할수록 저절로 IQ가 낮아지는 문제가 발생한다.

이러한 점을 고려해 웩슬러-벨르뷔 지능검사(Wechsler-Bellevue Intelligence Scale)에서는 편차 IQ(deviation IQ) 개념을 사용한다.[36] 이 방법에서는 개인의 검사 점수를 동일한 연령대의 평균 점수로 나눈 후 100을 곱해 IQ를 구한다. 편차 IQ 개념에도 약점은 존재한다. 누군가의 IQ가 150이라고 해서 실제로 수행이 얼마나 뛰어난지를 알 수는 없기 때문이다. IQ가 150인 5세 아동이 실제로 나타낼 수 있는 지적 역량과 IQ가 150인 16세 청소년이 실제로 보일 수 있는 역량은 다를 수 있기 때문이다.

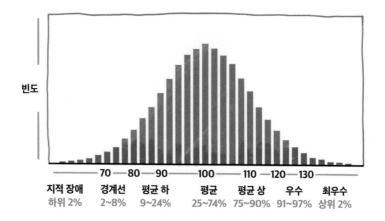

지적 장애	경계선	평균 하	평균	평균 상	우수	최우수
하위 2%	2~8%	9~24%	25~74%	75~90%	91~97%	상위 2%

그림 21 IQ의 범위와 의미

6~16세의 아동 및 청소년의 지능 평가에는 주로 웩슬러 아동지능검사 5판(Wechsler intelligence scale for children-fifth edition, WISC-V)이 사용된다.[37] 그림 21에는 IQ의 분포와 범위, 그리고 해석적 의미의 예가 소개되어 있다. 단, 이러한 IQ의 분포와 의미는 개별 지능검사마다 다르다.

지능에 대한 오해와 궁금증

지능은 유전의 영향을 크게 받는다.[38] 심리학에서는 유전의 영향력을 조사할 때 쌍생아를 대상으로 많이 연구한다. 일란성 쌍생아는 하나의 난자와 정자가 결합한 수정란이 둘로 분리되어 탄생하게 된 것이기 때문에 유전 정보가 100퍼센트 일치한다. 대조적으로 이란성 쌍생아는 2개의 난자와 2개의 정자가 결합해 탄생한 것이기 때문에 유전 정보가 일반적 형

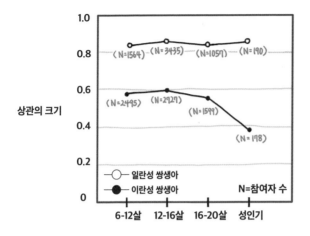

그림 22 발달과정에서 유전이 IQ에 미치는 효과

제자매들처럼 50퍼센트만 일치한다.

쌍생아의 IQ를 추적 조사한 연구에 따르면, 일란성 쌍생아들은 6세 이후부터 성인기에 이르기까지 두 사람의 IQ 간 상관의 크기가 0.8 이상이 된다. 반면에, 이란성 쌍생아들은 6세 이후부터 20세까지는 두 사람의 IQ 간 상관의 크기가 최대 0.6 수준을 나타내다가 성인기 이후에는 0.4 아래로 떨어진다.

일반적으로 성인에 비해 아동의 뇌가 환경의 영향을 더 크게 받는다.[39] 그런데 IQ가 상대적으로 낮은 경우에는 환경의 영향력이 12세부터 감소하기 시작한다. 대조적으로 IQ가 상대적으로 높은 경우에는 환경의 영향력이 18세 이후에 감소하기 시작한다. 또 IQ가 상대적으로 낮은 경우에는 유전의 영향력이 18세 이후에는 증가하지 않고 일정 수준을 유지한다. 대조적으로 IQ가 상대적으로 높은 경우에는 유전의 영향력이 18세 이후에도 증가하는 모습을 보인다. 따라서 누군가의 지적 잠재력에 대한 정보가 분명하게 확인되지 않은 경우라면, 그 사람이 지적 잠재력을 발휘할 수 있는 기회가 사회적으로 적어도 18세까지는 제공될 필요가 있다고 할 수 있다.

지능에 관해서는 많은 오해가 존재한다. 대표적인 것 중 하나가 지능검사 결과를 신뢰하기 어렵다는 것이다. 하지만 지능검사의 신뢰도는 병원에서 키와 몸무게를 측정하는 것보다도 더 높은 수준이다.[40] 지능검사의 신뢰도는 100퍼센트를 기준으로 할 때 90퍼센트 이상인 반면, 병원에서 흔히 측정하는 혈압과 혈중 콜레스테롤 수치 등의 신뢰도는 50퍼센트 수준에 불과하다. 이러한 수치들은 측정 시점의 신체 상태 등에 따라 다양하게 변하기 때문이다. 따라서 병원에서 측정하는 혈압이나 혈중 콜레스테롤 수치보다도 지능검사에 대해 더 많은 비판을 하는 것은 합리적인 태도라고 하기 어렵다.

지능과 관련해서 사람들이 궁금해하는 것 중 하나는 과연 지능이 변하는가 하는 점이다. 이것은 IQ를 어떻게 정의하느냐에 따라 답이 달라질 수 있다. 만약 지능검사 결과로 주어지는 점수를 IQ라고 정의한다면, 이것은 교육과 문화적인 기회 등을 통해 충분히 변할 수 있다. 하지만 IQ를 타고난 지적 잠재력에 대한 추정치라고 정의한다면, 변하는 것이라고 보기 어렵다.

어떤 사람의 지적 잠재력이 IQ로 환산했을 때 100~115 범위였다고 가정해 보자. 이 사람에게 교육 및 문화적 혜택이 거의 주어지지 않았을 때는 IQ 점수가 100이었다. 그런데 시간이 흘러 교육 및 문화적 혜택이 충분히 주어진 다음에 다시 검사했을 때는 115가 나왔다. 이 경우 지적 잠재력이 변했다고 할 수 있을까? 아마도 지적 잠재력은 그대로지만 검사

점수가 변한 것일 뿐이라고 보는 게 합당할 것이다. 이러한 IQ 검사 점수의 변화는 지적 잠재력이 현실에서 잘 발휘되는 정도를 반영한다고 할 수 있다. 예컨대, 지적 잠재력을 80퍼센트 발휘하다가 90퍼센트 발휘하는 것으로 변한 것이다. 물론 지적 잠재력 그 자체가 변한 것이 아니라 하더라도, 두 차례에 걸쳐 IQ 검사를 함으로써 점수의 변화를 확인하는 것은 그 사람에게 중요한 정보를 제공해 줄 수 있다.

기본적으로 IQ는 삶의 다양한 문제들에 대해 중요한 정보를 제공해 준다.[41] 실제로 IQ는 청소년기에 학교 성적을 비롯해 학교생활에서의 적응 수준을 예측해 주는 대표적 지표다. 그리고 성인기 이후에도 IQ는 경제적 소득 수준, 직업 생활의 유지, 삶에 대한 만족도, 신체적 건강 등 삶에서 중요한 거의 대부분 영역에서 중요한 역할을 한다.

삶의 질을 결정하는 정서지능

IQ와 관련해서 한 가지 더 중요하게 고려해야 할 사실이 있다. 데카르트는 지능과 관련해서 조언을 남겼다. "머리가 좋다고 해서 다가 아니다. 가장 중요한 것은 그걸 제대로 사용하는 것이다."[42]

루이스 터먼은 1920년부터 미국 캘리포니아 지역의 영재 아동들을 오랫동안 추적 조사하는 장기 프로젝트를 수행했다.[43] 그는 IQ가 135가 넘는 영재 아동을 1,000명 이상 모집했다. 성인이 되었을 때 이들 중 약 80명이 다양한 분야의 최고 전문가들을 기록으로 남기는 인명사전에 이름을 올렸다. 하지만 전체적으로 본다면, 루이스 터먼이 추적한 영재들이 삶에서 실제로 성취한 기록들은 실망스러운 수준이었다. 예를 들어, 이 영재들 중

정서지능(emotional
intelligence) [45]
정서를 적응적인 목적으로
활용하는 정신적 능력으로,
자신과 타인의 감정을 인식
하고 이해하며, 그러한 정보
를 생각하고 행동하는 데에
이용할 줄 아는 능력.

에서도 IQ가 180이 넘는 최상위권 영재들의 경우, 겨우 4명만이 전문직으로 진출했다.

루이스 터먼의 영재 연구 결과는 지적인 능력만을 가지고 인생의 성공 여부를 예측하는 데는 한계가 있다는 것을 보여준다. 미국의 심리학자 피터 샐러베이(Peter Salovey, 1958~)는 이처럼 IQ로 설명하지 못하는 영역의 상당 부분을 정서지능★이 설명해 줄 수 있다고 주장했다.[44]

피터 샐러베이에 따르면, 우리의 마음속에는 '정서적 극장(emotional theater)'이 있다.[46] 우울할 때는 정서적 극장에서 주로 비극적 영화가 상영되는 반면, 행복한 순간에는 주로 즐겁고 의미 있는 내용의 영화가 상영된다. 바로 정서지능은 이러한 정서적 극장이 상황에 맞게 적응적으로 기능할 수 있도록 관리하는 능력을 포함한다.

행복한 사람들과 불행한 사람들은 과거 경험을 떠올리는 방식에서 분명한 차이를 보이며, 이러한 차이가 마음속의 정서적 극장에서 어떤 영화가 어느 정도로 상영되는지에 영향을 준다. 불행한 사람들과 다르게, 행복한 사람들은 과거의 좋았던 순간에 대한 기억을 행복의 원천으로 삼는다. 그리고 현재의 모습과 과거의 좋았던 날들을 굳이 비교해서 자신의 기분에 부정적인 영향을 주지 않는다.[47] 또 과거의 불행했던 경험들을 지속적인 불행의 원천으로 삼지도 않는다.

이처럼 정서지능이 높은 사람은 행복해지는 데 도움이 되는 생각과 행동을 지혜롭게 선택할 줄 안다. 반면에, 정서지능이 낮은 사람은 행복해지는 데 사실상 도움이 안 되는 생각과 행동을 선택하는 경향이 있다. 더 심각한 문제는 정서지능이 낮은 사람은 자신이 잘못된 선택을 하고 있다는 사실조차 이해하지 못한다는 점이다.

기본적으로 사고와 감정은 끊임없이 소통하고 영향을 주고받는다. 흔히 사람들은 주식시장에 참여하는 투자자의 경우 냉정한 사람일수록 유리하다고 믿는다. 실제로는 투자할 때 강렬한 감정을 경험하는 투자가가 최고의 수익을 올린다.[48] 정서적으로 흔들리지 않을 수 있도록 위험도가 낮고 안전한 상품에 주로 투자한다고 해서 높은 수익률이 보장되는 것은 아니기 때문이다.

여기서 중요한 점은 높은 수익률을 나타내는 투자가들은 자신의 감정을 표현할 때 정교한 언어를 사용한다는 점이다. 예를 들어, 정서지능이 낮은 사람들은 '기쁘다'와 '흥분된다'는 표현을 구분 없이 사용하는 반면에, 정서지능이 높은 사람들은 감정을 표현하는 단어들을 상황에 맞게 좀 더 구체적으로 사용한다. 이것은 단순히 어휘력의 문제가 아니다. 자신의 감정을 명확하게 지각하고 표현하는 감정 구별 능력의 문제인 것이다.

다음의 질문에 답해 보라. 그림 23에서 신뢰하기 힘든 사람은 A와 B 중

그림 23 신뢰하기 힘든 사람은 어느 쪽인가?

어느 쪽인가?

물론 답은 A다. 지능검사와 마찬가지로 정서지능을 평가할 수 있는 다양한 도구들이 있다. 정서지능검사에서는 크게 4가지 능력을 평가한다. 첫째, 정서에 대한 지각 및 평가, 그리고 표현 능력이다. 둘째, 정서가 사고를 촉진하는 능력이다. 셋째, 두려움, 슬픔, 욕구 좌절과 같은 부정적인 정서를 조절하는 능력이다. 넷째, 정서적 지식을 적응적으로 활용하는 능력이다.

연구 결과, 정서지능은 청소년기에 학업적 성취뿐 아니라[49] 교사와 또래들로부터 사회적으로 좋은 평가를 받고 부모와 정서적으로 안정적 관계를 맺으며 전반적으로 만족스러운 생활을 하는 것과 관계가 있는 것으로 나타났다.[50] 또 성인기에도 정서지능은 사회적 유능성,[51] 직장에서의 수행,[52] 신체적 건강 및 정신건강[53]에 기여하는 것으로 나타났다.

興미로운 심리학 연구 ②

인지적 숙고 테스트

먼저, 다음의 3가지 질문에 답해 보라. 외견상 IQ 테스트처럼 보일지라도 실제로는 그렇지 않다. 다만, 아래의 문제들은 우리의 생각에 관해 생각해 보는 데 중요한 시사점을 줄 것이다.

(가) 야구방망이와 공을 합친 가격이 11,000원이다. 그런데 야구방망이는 공보다 가격이 10,000원 더 비싸다. 그렇다면, 공의 가격은 얼마인가?

(나) 5대의 기계로 5개의 공구를 제작하는 데 5분이 걸린다. 그렇다면, 100대의 기계로 100개의 공구를 만드는 데는 몇 분이 걸릴까?

(다) 호수에 연꽃잎들이 떠있다. 매일 연꽃잎들이 차지하는 면적이 2배씩 늘어난다. 만약 연꽃잎들이 호수 전체를 뒤덮는 데 48일이 걸린다면, 호수의 절반을 뒤덮는 데는 며칠이 걸릴까?

정답은 (가) 500원, (나) 5분, (다) 47일이다.

심리학자 최초로 노벨경제학상을 수상한 대니얼 카너먼(Daniel Kahneman, 1934~)은 이 문제를 하버드, MIT, 프린스턴 등 명문대의 수천 명이 넘는 학생들에게 풀도록 했는데, 절반 이상이 첫 번째 문제에서 오답을 내놓았다.[54]

이것은 기본적으로 IQ와는 무관한 문제다. 왜냐하면, 아래처럼 동일한 문제를 단지 읽기 힘들게 인쇄해서 사람들이 문제를 읽을 때 조금만 더 주의해서 읽도록 만들면 오답을 보이는 사람들의 숫자가 90퍼센트에서 35퍼센트로 현저하게 낮아지기 때문이다. 심리학에서는 이러한 문제를 인지적 숙고 테스트(Cognitive Reflection Test: CRT)라고 부른다.

(가) 야구방망이와 공을 합친 가격이 11,000원이다. 그런데 야구방망이는 공보다 가격이 10,000원 더 비싸다. 그렇다면, 공의 가격은 얼마인가?

(나) 5대의 기계로 5개의 공구를 제작하는 데 5분이 걸린다. 그렇다면, 100대의 기계로 100개의 공구를 만드는 데는 몇 분이 걸릴까?

(다) 호수에 연꽃잎들이 떠있다. 매일 연꽃잎들이 차지하는 면적이 2배씩 늘어난다. 만약 연꽃잎들이 호수 전체를 뒤덮는 데 48일이 걸린다면, 호수의 절반을 뒤덮는 데는 며칠이 걸릴까?

이러한 연구 결과를 바탕으로 대니얼 카너먼은 우리의 사고가 2가지 시스템으로 구성되어 있다고 제안했다. 사고시스템1은 '자동적 사고'에 해당된다. 사고시스템1이 작동하는 경우 우리는 별로 힘들이지 않고 생각하게 되며 문제 상황에서 거의 즉각적으로 판단하게 된다. 대조적으로, 사고시스템2는 '추론하는 자아'다. 사고시스템2가 작동하는 경우 우리는 의식적으로 관심 대상에 주의를 집중하게 된다.

앞서 지적 잠재력이 뛰어난 학생들조차 CRT 문제에서 오류를 범하게 된 이유는 그러한 학생들이 얼핏 보기에 문제가 쉬워 보이기 때문에 사고시스템1이 작동하는 상태에서 그 문제들을 풀었기 때문이다. 반면에 인쇄할 때 문제를 읽기 어려운 상태로 만들면 사고시스템2가 가동되기 때문에 그에 따라 오답률이 감소하게 된다.

청소년을 위한 심리학 입문서 ②

『생각에 관한 생각』

대니얼 카너먼 지음, 이진원 옮김, 김영사, 2012.

심리학자 가운데 최초로 노벨경제학상을 수상한 대니얼 카너먼은 이 책에서 인간의 생각을 크게 2가지로 구분한다. 바로 '빠르게 생각하기'와 '느리게 생각하기'다. '빠르게 생각하기'는 직관적 사고에 해당된다. 대조적으로, '느리게 생각하기'는 심사숙고하는 것을 말한다. 대니얼 카너먼은 이러한 사고시스템의 차이를 자아와 행복의 문제에 확대 적용한다.

그에 따르면, 우리에게는 두 가지 자아가 존재한다. '경험 자아'와 '기억 자아'다. '경험 자아'는 직관적 사고 시스템과 관계가 있고 '기억 자아'는 심사숙고 시스템과 관계가 있다. 때때로 우리는 '경험 자아'를 만족시키기 위해 여행을 떠나지만 정작 여행지에서는 '기억 자아'를 만족시키기 위해 사진만 열심히 찍다가 돌아오기도 한다. 사람들의 생각에 대한 이러한 분석을 바탕으로 대니얼 카너먼은 독자에게 더 나은 삶을 위한 심리학적 조언을 제공한다.

3장
나와 남의 성격 이해하기

청소년기의 주된 과제 중 하나는 자신이 누구인지를 알아나가는 일이다. 심리학에서 성격(personality)은 나와 다른 사람을 구분해 주는 개인적 특징을 말한다. 사람들은 흔히 외향적인 사람은 파티를 좋아하고 내향적인 사람은 책 읽는 것을 좋아한다고 생각한다. 하지만 1장에서 MBTI와 관련해서 소개한 것처럼, 성격에 대해서는 고정관념과 편견에 사로잡히지 않도록 주의를 기울일 필요가 있다. 3장에서는 나의 성격을 이해하는 데 도움을 줄 수 있는 대표적인 이론들에 대해 살펴보도록 하겠다.

1

내면을 심층적으로 들여다보기

마음의 X-선 — 프로이트의 정신분석

19세기 후반, 오스트리아의 신경과 의사로 무의식과 아동기의 중요성을 간파했던 지그문트 프로이트(Sigmund Freud, 1856~1939)는 소위 '마음의 X-선'이라고 불리는 정신분석(psychoanalysis)을 창안했다. 정신분석은 일반 사람들이 인식하지 못하는 행동 이면의 심리적 의미를 이해할 수 있게 해준다.[1]

프로이트는 정신분석의 필요성을 설명하면서 그림 24와 같은 빙산 모형을 제안했다. 빙산에서는 수면 위에 떠있는 부분이 아무리 크다 해도 수면 아래에 잠겨있는 부분에 비하면 그 크기는 미미한 수준에 불과하다. 빙산 모형에서 수면 위에 떠있는 부분이 우리의 의식이다. 그리고 수면 아래에 잠겨있는 부분이 무의식(unconscious)이다.

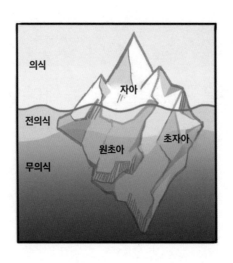

그림 24 프로이트가 제안한 의식의 세 수준

무의식은 그 내용이 의식화되면 마음이 불편해지거나 견디기 어렵기 때문에 억눌러서 의식의 수면 아래로 밀어 넣은 것이다. 무의식과 자동적 사고의 차이가 바로 여기에 있다.

우리가 의식하지 못한 채 행하는 모든 행동이 무의식과 관계된 것은 아니다. 자신도 모르게 무심결에 하는 행동이나 익숙해져서 자동적으로 나타나는 행동은 무의식에 속하지 않는다. 왜냐하면 그러한 것에는 특별히 억눌러야 할 동기가 없기 때문이다. 대조적으로 무의식은 의식화되면 견딜 수 없기 때문에 의식의 수면 아래로 억눌러놓아야 할 동기가 존재한다.

무의식과 의식의 경계에는 전의식(preconscious)이 존재한다. 전의식은 노력을 통해 어느 정도 의식해 내는 것이 가능하다. 오랜만에 만난 초등학교 동창의 이름이 처음에는 생각나지 않다가 나중에 불현듯 떠오르기도 하는데 이러한 것이 전의식에 해당된다.

프로이트에 따르면, 사람들은 자기 자신에 대해 잘 안다고 생각한다. 하지만 사람들이 실제로 자신에 대해 아는 것은 빙산의 일각에 불과하다. 프로이트의 이러한 주장은 많은 사람들에게 반감을 주었다. 왜냐하면 사람들은 스스로에 대해 자신이 무엇을 모르고 있는지 이해하기 어려워하기 때문이다. 프로이트는 무의식이 인간의 마음과 행동을 결정짓는 핵심 요인이라고 주장했다. 하지만 우리가 무의식에 대해 의식적으로 접근하는 것은 쉽지 않다. 다만, 일상생활에서 무의식은 때때로 실수나 꿈을 통해 모습을 드러내기도 한다.

예전에 KBS에서 꿈과 관련된 다큐멘터리 〈마음〉을 제작하기 위해 젊은이들을 대상으로 수면에 관한 실험을 한 적이 있다.[2] 참여자 중에는 평상시에 꿈을 잘 꾸지 않는다고 주장하는 사람도 포함되어 있었다. 앞에서 설명한 것처럼, REM 수면 중에 당사자를 깨워서 물어보면 대부분이 꿈을 꾸고 있었다고 보고한다. 이 프로그램에서도 동일한 결과가 나타났다.

예를 들어, 다양한 참여자들은 자신의 꿈과 관련해서 '수영장의 남녀 공용 탈의실에서 여성인 자신이 옷을 갈아입는 꿈' '시험 보는 꿈' '도심에 멧돼지가 나타나 난동을 부리는 꿈' 등을 보고했다. 이러한 꿈에 대해서 보고한 당사자들은 대부분 처음에는 자신이 왜 이러한 꿈을 꾸게 되었는지 그 심리적 의미를 잘 모를 수 있다.

하지만 정신분석의 관점에서 본다면, 낯선 곳에서 처음 보는 사람들과 함께 하룻밤을 보내면서 구체적으로 어떤 실험이 진행되는지 잘 모르는 상태에서 실험에 참여했을 때의 막연한 두려움이 꿈에서 다양한 상징적 표현으로 나타난 것이라고 해석할 수 있다. 한 여성 참여자에게는 실험을 위해 남녀가 함께 잠을 자던 공간이 남녀공용 탈의실로 나타났고, 또 다른 참여자에게는 실험에 참여하는 경험이 시험을 보는 것으로 나타났으며, 또 누군가에게는 잠자던 자신을 흔들어 깨우던 실험자가 한밤중에 난동을 부리는 멧돼지로 등장한 것이다.

프로이트에 따르면, 우리의 삶은 원초아(Id)와 초자아(Superego) 간 갈등을 자아(Ego)가 중재해 나가는 형태로 펼쳐진다.[3] 이 세 요소는 기본적으로 무의식에 속한다. 자아와 초자아의 일부가 의식적인 면을 갖기도 하지만 그것은 작은 부분일 뿐이며 정신분석의 측면에서 결정적인 역할을 하는 부분에 해당되지도 않는다.

원초아는 무의식적 본능이다. 그리고 초자아는 무의식적 도덕률이다. 또 자아는 방어기제*를 통해 원초아와 초자아 간 갈등을 중재한다. 여기서 중요한 점은 원초아의 무의식적 소망과 욕구, 그리고 초자아의 도덕적 금기는 무의식에 해당된다는 점이다. 그러나 배고픔이나 '거짓말을 하지 말라' 같은 도덕률은 무의식에 속하지 않는다. 그런 것들은 쉽게 의식화할 수 있기 때문이다.

방송사의 실험에 참여한 젊은이들의 원초아는 실험이 진행되는 동안 본능적으로 두려움과 반감을 경험했지만, 초자아는 그러한 부정적인 감정을 드러내는 것을 억눌렀던 것으로 보인다. 이러한 상황에서 자아는 꿈의 상징적인 조작 과정을 통해 일종의 타협안을 내놓은 것이라고 할 수 있다. 그들은 꿈속에서 원초아가 경험하는 두려움과 반감을 분명히 드러냈지만, 동시에 당사자가 자신의 꿈의 상징적 의미를 모르고 넘어가는 한 초자아의 뜻대로 표현하지 않은 상태로 남아 있게 된다. 이러한 형태의 무의식적 역동의 개념을 제안한 것은 인류의 역사상 프로이트가 처음이다.

방어기제
(defense mechanism)
자아의 무의식적 부분으로, 우리가 문제를 해결하기 위해 사용하는 무의식적인 책략으로서 프로이트의 딸인 안나 프로이트(Anna Freud)가 처음으로 체계화하였음.

우리의 정신적 뿌리, 집단무의식 ― 칼 융의 분석심리학

분석심리학(analytic psychology)을 창안한 칼 융(Carl G. Jung, 1875~1961)은 프로이트의 무의식적 역동 개념에 대해서 전반적으로는 동의했다. 다만, 융은 프로이트와는 다른 용어를 썼다. 융은 개인의 무의식적 역동을 설명하기 위해 '페르소나(persona)'와 '그림자(shadow)'라는 용어를 사용했다.[4]

페르소나는 우리가 사회생활을 하면서 쓰는 가면을 말한다. 주로 다른 사람들에게 보여주고 싶은 모습이 여기 해당된다. 그리고 우리의 가면 뒤에 숨겨진 모습을 그림자라고 한다. 융에 따르면, 우리가 누군가를 만났을 때, 특별히 싫어할 이유가 없어 보이는데 왠지 상대방이 거북하고 싫게 느껴진다면 상대방이 자신의 그림자를 자극하기 때문일 가능성이 있다. 그런 경우 상대방의 모습은 자신의 내부에 있지만 자신이 결코 마주하고 싶지 않은 면을 포함하고 있다.

융은 프로이트의 무의식 개념을 집단무의식(collective unconscious) 개념으로까지 확장했다. 융은 무의식이 개인무의식과 집단무의식의 층으로 구분되어 있다고 보았다. 개인무의식은 개인이 생활하면서 억눌렀던 본능적 욕구로, 프로이트의 무의식에 해당된다. 대조적으로 집단무의식은 진화과정에서 인류가 보편적으로 공유하게 된 일종의 잠재의식이라고 할 수 있다.

예를 들면, 인간은 특별한 학습 경험을 하지 않아도 잠재적으로 뱀에 대한 두려움을 가지고 있다. 진화과정에서 뱀은 우리에게 위험한 대상으로 잠재의식에 각인되어 있기 때문이다.[5] 두려워할 필요가 없는 꽃 같은 것을 연구참여자에게 보여주면서 전기충격을 가하면, 그 둘 사이에 연합이 이루어져 나중에는 꽃만 보여줘도 연구참여자는 공포반응을 나타낸다.

일반적으로 중립적인 대상과 전기충격을 연합하기 위해서는 여러 차례 반복해서 제시해야 한다. 그런데 뱀의 경우에는 한 차례만 전기충격과 연합을 시켜도 빠르게 연구참여자는 공포반응을 나타낸다. 또 꽃처럼 중립적인 대상의 경우 공포반응을 학습하게 되더라도 시간이 지나면 자연스럽게 공포반응이 사라지는 데 반해, 뱀에 대한 공포반응은 시간이 흘러도 사라지지 않는다.

뱀에 대한 이러한 공포반응은 단순히 뱀이 위험한 대상이기 때문에 나타나는 것은 아니다. 예를 들어, 총이나 전기 콘센트의 경우에는 중립적인 대상인 꽃과 유사한 반응패턴을 보인다. 총이나 전기 콘센트의 경우에는 진화과정에서 우리에게 잠재의식의 형태로 각인될 수 있을 만큼 인류의 경험이 오랫동안 축적되지 않았기 때문으로 보인다.

우리가 일상생활에서 집단무의식을 직접 의식화할 수 있는 것은 아니다. 다만, 역사적 산물인 신화, 민속, 예술 속에 등장하는 상징적 이미지를 통해 집단무의식의 존재를 확인할 수는 있다. 집단무의식의 하나인 원형(archetype)은 특정 대상이나 경험에 대한 상징적 표상으로서 보편적 의미를 지니고 있다.

드라마 〈별에서 온 그대〉의 첫 장면에는 『조선왕조실록』 광해 1년 9월 25일의 기록이 소개된다. "간성군과 원주목, 강릉부와 춘천부의 하늘에 세숫대야처럼 생긴 둥글고 빛나는 물체가 나타났다. 그것은 매우 크고 빠르기는 화살 같았다. 우레 소리를 내며 천지를 진동시키다가 불꽃과 함께 사라졌는데 이때 하늘은 청명하고 사방에는 한 점의 구름도 없었다."[6] 이처럼 전형적으로 UFO, 즉 미확인 비행 물체를 표현하는 역사적 기록이나 예술작품은 동서양을 막론하고 다양하게 존재한다.

융은 실제로 UFO가 존재하는지 여부에는 관심을 두지 않았다. 그것은 학문적으로 규명하기 어려운 과제이기 때문이다. 융은 그것보다는 도대체 왜 사람들이 동서양 할 것 없이 UFO에 대해 특별한 관심을 갖는지를 더 규명하고 싶어 했다.[7] 융에 따르면, UFO는 '원만한 삶'을 추구하는 인간의 집단무의식, 즉 '만다라(mandala)'라는 원형을 상징하는 것이 된다.

광해군이 즉위했던 시기는 임진왜란과 정유재란으로 조선 사회가 가장 극심한 혼란에 빠져있던 때였다. 융에 따르면, 이처럼 정신적인 위기를 경험하는 시기에 사람들은 원만한 인격을 상징하는 원형 이미지인 UFO 또는 그와 유사한 형태를 지닌 대상에 특별한 관심을 나타내는 경향이 있다.

융은 무의식이 자기 자신을 실현해 나간 역사가 바로 우리의 삶이라고 주장했다. 그리고 행복한 삶을 위해서는 우리 삶에 존재하는 상징적 의미를 심리학적으로 해석하는 것이 중요하다고 강조했다.

삶의 원동력이 되는 열등감 — 아들러의 개인심리학

오스트리아의 정신의학자인 알프레드 아들러(Alfred Adler, 1870~1937)는 정신분석학이 출범하던 시기에 프로이트의 정신분석학 운동에 동참했다. 하지만 실용주의자였던 아들러는 프로이트 및 융과는 다른 길을 걸어갔다.

아들러는 기본적으로 개인(individual)을 '나누는(divide) 것이 불가능한(in) 존재'로 보았다. 아들러에 따르면, 프로이트는 나눌 수 없는 개인을 원초아, 자아, 초자아로 나누었고, 융도 페르소나, 그림자, 집단무의식

등으로 나눈 것이었다. 이런 관점에서 아들러는 프로이트 및 융과는 대비되는 이론인 개인심리학(individual psychology)을 창안했다.

개인심리학에서는 개인의 내면을 깊게 분석해 들어가기보다는 개인과 또 다른 개인 간의 관계에 주로 초점을 맞춘다. 이런 맥락에서 아들러는 사회적 상황에서 경험하는 열등감과 성격 형성에 영향을 주는 출생 순위의 문제를 다루는 데 주안점을 두었다.

개인심리학의 주요 목표 중 하나는 삶의 목적성을 확인하는 것이다. 아들러는 삶의 목적성을 탐색할 때 초기 기억의 중요성을 강조했다. 단, 초기 기억이 반드시 사실에 기초한 것은 아닐 수 있다.

아들러의 초기 기억 중 하나는 유년 시절 살던 동네에 있던 공동묘지를 두려워했던 것이었다. 아들러는 약한 척추 장애를 갖고 있었고 어려서부터 질병 때문에 생명에 위협을 받으며 생활했다. 나중에 성인이 되었을 때 그는 옛 친구들을 통해 실제로는 자신이 살던 동네에 공동묘지가 없었다는 사실을 확인하게 되었다. 이 일을 계기로 아들러는 사실 그 자체보다는 개인의 현재 생각과 행동에 의미 있는 영향을 주는 일들이 더 중요하다는 것을 깨달았다.

아들러는 인간이라면 누구나 열등감을 경험할 수밖에 없다고 믿었다. 이런 점에서 그는 열등감이 있느냐 없느냐가 아니라 열등감을 어떻게 해결해 나가는지가 중요하다고 주장했다. 그는 우월성에 대한 추구(striving for superiority)가 열등감의 문제를 해결할 수 있는 중요한 비결이라고 제안했다.

아들러는 어려서부터 취약한 자신의 신체 조건(척추 장애)에 대해 열등감을 가지고 있었다. 하지만 그는 이러한 열등감 때문에 좌절하기보다는 오히려 자신의 열등감을 삶의 중요한 원동력으로 삼았다. 그에게는 자신의 병약한 신체 조건을 극복하는 것이 중요한 삶의 목표였고, 이러한 뜻을 이루기 위해 의사가 되는 길을 선택했다. 아들러에 따르면, 열등감 때문에 좌절하지만 않는다면 열등감은 삶을 성공적으로 이끌어갈 수 있는 동기를 부여하는 데 중요한 역할을 할 수 있다.

단, 우월성을 추구하는 것과 우월감을 갖는 것은 구분할 필요가 있다. 아들러에 따르면, 열등감과 우월감은 인생을 망치는 독이 되기도 한다. 그렇기 때문에 이 두 가지 감정을 지혜롭게 다스리는 것이 인생의 중요한 과제 중 하나가 된다.

우월감은 내가 다른 사람들보다 더 낫다고 생각하는 것이다. 예를 들어, 학교 성적에서 전교 등수가 높은 학생이 자신보다 등수가 낮은 학생을 보면서 자신이 더 나은 사람이라고 생각하는 것이다. 하지만 나와 남을 비교할 때는 정교하게 조건을 설정해서 비교하지 않는 한 객관적인

그림 25 아들러의 열등감 해석

비교가 되기 어렵다. 가정 형편상 아르바이트를 하면서 공부해야 하는 학생과 유복한 가정에서 공부에만 전념할 수 있는 학생을 단순히 성적만을 가지고 동일선상에서 비교하기는 어렵기 때문이다.

설사 성적만을 놓고 비교하는 경우에도 그것이 정당한 평가가 되기는 어렵다. 왜냐하면 전제 조건이 다른 경우에는 그러한 비교를 하는 것 자체가 의미 없는 일이 되기 때문이다.

대조적으로, 우월성을 추구하는 것은 '과거의 나'보다 '현재의 나'가 더 나은 존재가 되도록 하는 동시에 '현재의 나'보다 '미래의 나'가 더 나은 존재가 되도록 노력하는 것을 말한다. 이러한 비교 작업은 급작스러운 사고나 사건이 벌어지지 않는 한 나를 성장시켜 나가는 좋은 방법이 될 수 있다.

아들러는 출생 순위가 삶에 미치는 영향에 주목한 최초의 심리학자다. 아들러에 따르면, 자녀들이 같은 부모 슬하에서 자란다고 해서 모두 동일한 가족 환경에서 자라는 것이 아니다. 자녀들의 심리-사회적 환경은 출생 순위의 영향을 받기 때문이다.

이런 점에서 아들러는 가족역동, 특히 형제자매 간 경쟁의 결과가 삶 전반에 걸쳐 중요한 영향을 준다고 주장했다. 첫째로 태어난 아이는 장자로서 특혜를 받기 때문에 보수적인 성향을 띠게 되는 반면에 동생들은 부모의 사랑을 두고 첫째와 경쟁해야 하는 입장이기 때문에 도전적인 성향을 띠게 된다는 것이다.

실제로 종교 개혁, 프랑스 대혁명, 공산주의 혁명 등 121개의 주요한 역사적 사건과 코페르니쿠스 혁명, 진화론, 상대성 이론 등 지적인 혁명과 관계있는 역사적 인물 6,566명의 전기 자료를 연구한 결과는 아들러의 주장이 옳다는 것을 보여준다.[8] 그 연구에 따르면, 첫째들은 전반적으로

114

체제 순응적이고 보수적인 반면, 후순위 출생자들, 특히 막내는 모험적이고 창조적이며 기존의 시스템에 의문을 제기하는 반항적인 태도를 보인다. 실용주의에 바탕을 둔 아들러의 이론은 프로이트나 융의 이론보다 대중에게 친숙한 인상을 주기 때문에 지금까지도 많은 사람들의 관심을 받고 있다.

2
성격은 바꿀 수 있을까?

한 살 때의 특성이 여든 넘어서까지

1904년, 러시아의 생리학자이자 심리학자인 이반 파블로프(Ivan Pavlov, 1849~1936)는 소화기관의 타액 분비에 대한 연구로 노벨 생리학/의학상을 수상했다.[9] 그가 연구 결과를 발표하기 전에 사람들은 뇌와 위액의 분비가 서로 관계가 없는 것으로 믿었다. 하지만 파블로프는 통제된 실험을 통해 그 둘이 밀접한 관계가 있다는 것을 발견했다.

특히 그는 연구 과정에서 실험실의 개가 음식이 앞에 놓이기 전에 실험자의 발자국 소리만으로도 침을 분비하게 되는 일종의 '정신적 분비(psychic secretions)' 현상을 발견했다.[10] 나중에 그는 이러한 현상을 오랫동안 발자국 소리와 침 분비를 유발하는 자극인 음식이 연합되는 특수한 조건에서 나타나는 학습된 반응이라는 점에서 조건반사

(conditioned reflex)라고 불렀다.

고전적 조건 형성(classical conditioning) 이론에서는 발자국 소리가 음식과 연합되면, 나중에는 음식 없이 발자국 소리만으로도 '음식에 의한 침 분비'와 유사하게 '발자국 소리에 의한 침 분비'가 유발된다고 본다. 이것을 심리학적 용어로는 중립 자극이 무조건 자극과 연합되면 나중에는 무조건 자극이 주어지지 않아도 조건 자극에 의해 무조건 반응과 유사한 조건 반응이 유발된다고 재기술할 수 있다. 예컨대, 그림 26에서처럼 중립 자극인 벨소리가 무조건 자극인 음식과 조건 형성을 통해 연합이 된 후에는 조건 자극이 된다. 조건 자극이 된 벨소리는 조건 형성 이전과는 달리 이제는 무조건 자극처럼 침 분비를 유발하게 된다.

파블로프의 역사적 발견 이후, 미국의 심리학자이며 행동주의 심리학의 창시자인 존 왓슨(John B. Watson, 1878~1958)은 심리학의 역사에서 가

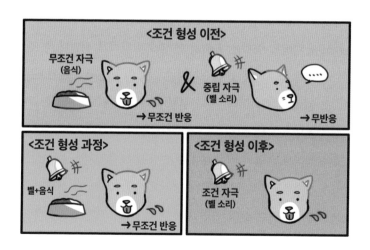

그림 26 조건 형성 이전과 이후

장 논쟁적인 주장 중 하나를 대담하게 선언했다. "나에게 건강한 아기 십여 명을 달라. 그러면 그들을 나의 잘 갖춰진 특별한 세계로 데려가 양육할 것이다. 그 아기들 중 누구를 무작위로 선택하더라도 나는 그 아기가 특별한 사람이 될 수 있게끔 훈련시킬 수 있다. 그 아기의 재능, 취향, 성향이 무엇이든지 의사, 변호사, 예술가, 상인, 심지어는 거지나 도둑으로도 만드는 것이 가능하다."[11]

존 왓슨은 일명 '꼬마 앨버트 실험(Little Albert experiment)'이라는 유명한 연구를 수행했다. 처음에 11개월 된 앨버트는 흰 쥐에 대해서 관심을 보였고 만지기 위해 손을 뻗기도 했다. 하지만 앨버트 앞에 흰 쥐가 있을 때 등 뒤에서 쇠막대기로 굉음을 내자 앨버트는 깜짝 놀라면서 공포반응을 나타냈다. 이 과정을 여러 차례 반복한 후, 큰 소리를 내지 않고 흰 쥐만 앨버트 앞에 가져다놓았는데도 앨버트는 큰 소리가 날 때와 비슷한 공포반응을 나타냈다. 불과 며칠 만에 앨버트는 공포반응을 학습하게 된 것이다. 그 후 앨버트는 흰 쥐뿐만 아니라 토끼나 개 같은 털 달린 다른 동물들에 대해서도 공포반응을 보였다.

훗날 꼬마 앨버트 실험은 윤리적 논쟁에 휘말리게 되었다. 한 살도 채 안 된 아기에게 공포반응을 학습시키는 실험은 오늘날 기준으로는 결코 용인될 수 없었기 때문이다. 특히 실험 후에 앨버트가 어떻게 되었는지 추적 조사한 연구에서 그가 여섯 살 때 뇌수종으로 사망한 것으로 발표하자 꼬마 앨버트 실험의 비윤리성 문제는 전 세계적 이슈로 떠오르기도 했다.[12]

하지만 꼬마 앨버트 실험 관련 자료를 한층 더 정밀하게 추적한 후속 연구에서 앨버트는 앞선 연구에서 발표된 여섯 살 때 뇌수종으로 사망한 인물과는 다른 사람인 것으로 드러났다.[13] 꼬마 앨버트 실험의 대상이었던 앨버트의 본명은 윌리엄 앨버트 바거(William Albert Barger)였고 87세에 사망했다. 한 가지 흥미로운 점은 실제 앨버트는 평생 개와 다른 동물들을 싫어했다는 점이다. 한 살 때 학습된 공포반응이 여든 넘어서까지 이어진 것이다.

우리가 나쁜 습관을 갖게 되는 이유

파블로프의 고전적 조건 형성에서는 유기체가 자극과 반응 간 관계를 학습하는 과정에 초점을 맞춘다. 이와 대조적으로 미국의 행동주의 심리학자이자 작가이면서 하버드대 교수였던 버러스 스키너(Burrhus F. Skinner, 1904~1990)가 제안한 조작적 조건 형성(operant conditioning)에서는 문제 상황에서 유기체가 주체적으로 선택하는 과정을 강조한다. 여기서 '조작'은 유기체가 외부 자극에 따라 수동적으로 '반응'하는 것이 아니라, 스스로 '선택'함으로써 환경에 능동적으로 변화를 가하는 것을 가리키는 말이다.

스키너는 누군가의 행동을 과학적으로 이해하고 예측하기 위해 그 사람의 감정을 살피거나 생각을 물어볼 필요는 없다고 주장했다. 그는 다음과 같이 말했다. "물리학은 떨어지는 물체가 환호하는지를 보다 자세히 관찰하는 것을 통해 진보한 것이 아니다. 생물학 역시 생명체의 영혼이 갖고 있는 본성을 관찰하는 것을 통해 진보한 것이 아니다. 우리는 행동을 과학적으로 분석하기 위해 성격, 마음 상태, 감정, 특성, 계획, 목적, 의도 또는 자율적인 인간의 특권들이 실제로 존재하는지 발견하려고 애쓸 필요가 없다."[14] 이처럼 인간을 객관적으로 이해하기 위해 주로 행동에 초점을 맞추는 관점을 '행동주의(behaviorism)'라고 부른다.

스키너는 행동의 결과를 효과적으로 설명하기 위해서는 객관적인 관찰을 가능하도록 해주는 개념들이 필요하다고 주장했다. 이런 맥락에서 그는 강화*와 처벌*이라는 용어를 사용했다.

스키너는 자신의 주장을 입증하기 위해 일명 '스키너 상자(Skinner Box)'를 제작했다. 아래의 그림처럼, 스키너 상자는 실험 동물인 쥐가 들어가 스위치를 누르면 보상으로 먹이를 받게끔 설계되기도 하고, 경고등에 불이 들어온 후 일정 시간 안에 스위치를 누르면 전기충격이 주어지는 처벌을 피할 수 있도록 설계되기도 한다. 스키너 상자를 이용해 스키너는 실험 동물들이 자신에게 이익이 되는 방향으로 새로운 행

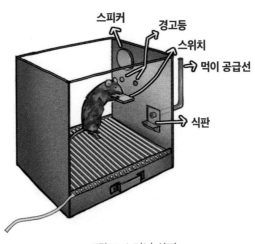

그림 27 스키너 상자

동 방식을 학습할 수 있다는 점을 보여주었다.

스키너는 이러한 방법을 활용해 비둘기의 미신행동을 연구하기도 했다. 비둘기가 어떤 행동을 하든지 15초 간격으로 계속 먹이를 주면 자신의 행동과 무관하게 먹이가 나온다는 사실을 모르는 비둘기들은 다양한 형태의 미신행동을 보인다. 먹이가 나올 무렵 자신이 했던 행동이 마치 먹이와 관계있기라도 한 것처럼 행동하는 것이다.

예를 들어, 어떤 비둘기는 시계 반대 방향으로 2~3번 돌고, 어떤 비둘기는 상자의 모서리 쪽으로 머리를 반복해서 밀어 넣는 행동을 보인다. 어떤 미신행동이든, 15초 간격으로 먹이가 제공되는 한 비둘기는 자신이 선택한 미신행동을 계속해서 행한다.

스키너의 조작적 조건 형성 이론은 인간의 긍정적 행동뿐만 아니라 나쁜 습관들에 대해서도 합리적인 설명을 제공해 준다. 예를 들어, 스키너의 이론은 사람들이 다양하게 보이는 징크스 현상을 잘 설명해 줄 수 있다. 어떤 운동선수는 아무리 추운 날이라 해도 불길한 징조인 징크스를 피하기 위해 항상 반바지를 입기도 하는데, 이것은 비둘기의 미신행동 실험으로 설명할 수 있다.

또 스키너의 이론은 왜 사람들이 도박중독에서 벗어나는 것이 그토록 어려운지도 잘 설명해 준다. 도박의 중요한 특징 중 하나는 도박을 하는 사람이 자신에게 행운이 언제 찾아올지 전혀 알 수 없도록 설계되어 있다는 점이다. 그래서 도박에 빠져 지내는 사람은 미신행동에도 빠지기 쉬우며 좀처럼 화장실도 가지 않으려 하고 밥도 잘 먹지 않으며 집에 갈 생각을 사실상 거의 하지 못하는 상태에서 도박에만 열중하게 된다.

TV 프로그램 〈세상에 나쁜 개는 없다〉에서는 반려견이 부적응적이거나 나쁜 습관을 보이는 경우 동물행동 전문가들이 스키너의 학습이론에 기초해 그러한 행동들을 수정해 준다. 그 방송에서는 주로 보호자가 반려견의 생활환경을 잘못 설계하거나 우연히 잘못된 보상 시스템에 의해 반려견의 부적응적 행동이 강화된 문제 사례들이 소개된다. 이러한 부적응적 행동들에 대해 동물행동 전문가가 반려견의 바람직한 행동은 강화해 주고 부적응적 행동은 처벌함으로써 보다 적응적으로 행동하게끔 해 주는 것이다.

단, 스키너의 학습이론을 인간에게 적용할 때 주의해야 할 점이 있다. 영국의 BBC는 동물행동 전문가 애니 클레이턴(Annie Clayton)이 진행하는 부부 프로그램 때문에 홍역을 치른 적이 있다.[15] 그 프로그램에서는 인간이 DNA의 85퍼센트를 개와 공유한다는 전제하에 마치 반려견을 훈련시키듯이 남편들을 훈련시키는 몰래카메라쇼를 진행했다. 결국 BBC는 분노한 시청자들에게 사과해야 했다.

사회적으로 학습된 행동

학습에 미치는 인지의 중요성을 강조한 미국의 심리학자 앨버트 밴두라(Albert Bandura, 1925~2021)는 고전적 조건 형성과 조작적 조건 형성만으로는 인간의 마음과 행동을 설명하는 것이 불충분하다고 보았다.[16]

그는 인간이 사회 속에서 광범위한 학습을 하는 데는 직접적 경험 외에도 상징적 모델의 역할, 결과에 대한 기대, 자기효능감*이 중요한 역할을 한다고 믿었다.[17] 이런 관점에서 그는 사회학습이론(social learning theory)을 제안했다.

> **자기효능감(self-efficacy)**
> 어떤 목표를 달성하기 위해 필요한 행동을 성공적으로 수행할 수 있다는 자신의 능력에 대한 신념이나 기대.

사회학습이론에서는 학습 과정에서 관찰학습의 중요성을 강조한다. 이러한 관찰학습에는 롤 모델의 행동을 모방하는 것부터 시작해서, 관찰했지만 내적으로 학습된 행동을 특별한 동기가 생기기 전까지 외부로는 드러내지 않는 것까지 포함된다. 이처럼 사회학습이론은 겉으로 드러난 행동에 주로 초점을 맞추는 스키너의 이론과 다르게 학습 과정에 개입되는 인지적 과정의 역할을 중시한다.

앨버트 밴두라의 대표적 연구 중 하나는 바로 보보인형 실험이다. 보보인형은 오뚝이처럼 다시 일어서는 풍선 형태의 인형이다. 그는 3~6세의 아동들을 세 집단으로 나누었다. 첫 번째 집단의 아동들은 성인이 보보인형에 폭력적인 행동을 하는 것을 관찰했다. 두 번째 집단의 아동들은 성인이 보보인형은 무시한 채로 다른 장난감을 가지고 노는 것을 관찰했다. 세 번째 집단의 아동들에게는 어떠한 모델도 관찰할 기회가 주어지지 않았다.

실험 결과, 성인이 보보인형을 공격하는 모습을 관찰한 집단은 나머지 두 집단보다 보보인형을 대상으로 공격적인 모방 행동을 더 많이 나타냈다. 여기서 중요한 점은 성인이 보보인형을 공격하는 모습을 관찰한 집단에 별도의 보상(혹은 강화)이 주어지지 않았다는 점이다. 그들은 단지 성인의 행동을 관찰했을 뿐이었다.

앨버트 밴두라는 사회적으로 학습된 행동을 실제로 나타내는 데는 자기효능감의 역할이 매우 중요하다고 주장했다. 그에 따르면, 우리는 사회적인 학습을 통해 특정 역량을 갖추고 있더라도 그것을 실제로 발휘하기 위해서는 자신이 그 일을 해낼 수 있다는 믿음을 갖추는 것이 필요하다.

자기효능감이 낮은 사람은 실제 자신의 객관적 역량과 무관하게 자신이 판단하기에 자신의 역량을 초과한다고 생각되는 위협적 상황을 피하고 싶어 한다. 예를 들어, 스스로 사회성이 떨어진다고 생각하는 사람은 사회적 만남을 회피하게 될 것이고, 그로 인해 사회적 역량을 증진시킬 기회도 줄어들 것이다. 결국 이러한 악순환이 거듭되면서 자기효능감이 낮은 사람은 나중에 가서는 객관적 역량 자체도 다른 사람들보다 떨어지게 된다.

반대로 자기효능감이 높은 사람은 문제 상황에서 도전적으로 임하게 되고, 해당 분야의 역량을 키울 수 있는 기회를 더 많이 얻게 된다. 이러한 선순환의 결과로 자기효능감이 높은 사람은 객관적인 실력 자체도 늘어나게 된다. 자기효능감이 삶에서 중요한 모든 것을 바꿔주는 것은 아닐지라도 우리가 할 수 있는 일을 실제로 해내기 위한 필수 요소 중 하나임은 분명하다.

3
성장을 위해 필요한 것

나의 욕구는 어느 수준까지 와있을까?

에이브러햄 매슬로(Abraham Maslow, 1908~1970)는 인본주의* 심리학을 대표하는 심리학자 중 한 명이다. 정신분석과 행동주의가 인간을 부정적이거나 수동적인 존재로 바라보는 것과는 다르게, 인본주의 심리학에서는 인간의 긍정적 특성에 주로 초점을 맞춘다.

매슬로는 욕구위계(hierarchy of needs) 이론에서 인간의 욕구들이 위계를 갖추고 있다고 주장했다.[18] 매슬로의 욕구위계론에 따르면, 그림 28처럼 인간의 욕구는 크게 5가지로 구분된다.

가장 기본적인 욕구는 생리적 욕구로, 배고픔과 수면 욕구 등이 해당된다. 두 번째 단계는 안전의 욕

> **인본주의(humanism)**
> 인간주의, 인문주의 등으로 번역되기도 하며, 중세의 신(교회) 중심 사고와 달리 인간다움을 존중하는 인간 중심의 사상을 말함. 인간을 자유의지와 더불어 성장할 수 있는 잠재력을 갖춘 존재로 봄.

구로, 외부의 위협에서 벗어나 심리적 안정을 추구하는 것이다. 세 번째 단계는 소속감과 사랑의 욕구다. 외부의 위협에서 벗어나면 우리는 사회적으로 다른 사람들과 친밀한 관계를 맺고 사랑을 주고받기를 원하게 된다. 네 번째 단계는 자아 존중의 욕구로, 스스로를 유능하다고 믿으며 자신감을 갖고 싶어 하는 것이다. 다섯 번째 단계는 자아실현의 욕구로, 자신의 잠재력을 실현함으로써 사회적으로 의미 있는 목표를 달성하고자 하는 것이다.

그런데 매슬로의 욕구위계론에는 상식적으로 이해하기 어려운 부분이 있다. 먼저 그림 28을 찬찬히 살펴보면서 이상한 부분을 찾아보기 바란다. 아래 그림 중 만약 여러분이 욕구위계론을 주장한다면 내용을 수정하고 싶은 부분이 있는가?

매슬로의 욕구위계론의 가장 흥미로운 점 중 하나는 바로 사랑의 욕구가 중간 단계에 위치하고 있다는 점이다. "믿음, 소망, 사랑, 이 세 가지는 항상 있을 것인데 그중의 제일은 사랑이라"[19]라는 『성경』 구절처럼, 대

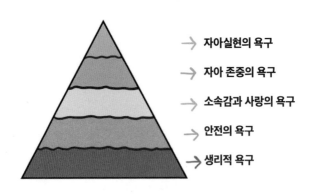

그림 28 매슬로의 욕구위계론

개 사랑은 최상위의 가치를 갖는 것으로 평가받는다. 그렇다면 왜 매슬로는 사랑을 중간 수준의 욕구로 설정했을까?

매슬로는 사랑을 두 가지로 나누었다.[20] 하나는 'D-사랑(Deficiency-love)'이고 나머지 하나는 'B-사랑(Being-love)'이다. D-사랑은 결핍에 의해 나타나는 욕구로, 타인의 애정을 갈망하는 자기중심적 사랑을 말한다. 그와 대조적으로 B-사랑은 베푸는 형태의 성숙한 사랑을 말한다. B-사랑은 사랑받고자 하는 욕구가 충족된 이후에야 나타나게 된다. 이런 점에서 매슬로의 욕구위계론 중 '소속감과 사랑의 욕구'에서 사랑은 바로 D-사랑을 가리킨다고 할 수 있다.

삶에서 사랑은 중간 수준의 D-사랑 욕구에서 출발해서 점차 B-사랑으로 발전해 나간다. 이러한 과정을 거쳐 욕구위계의 마지막 단계에 도달한 자아실현적인 사람이 바로 건강한 성격의 소유자라고 할 수 있다.

타고난 잠재력을 꽃피울 수 있는 세 조건

미국의 심리학자 칼 로저스(Carl R. Rogers, 1902~1987)는 독특한 이력을 가지고 있다. 미국의 심리학자가 수상할 수 있는 가장 영광스러운 상 2가지, 즉 '뛰어난 전문가로서의 심리학자상'과 '뛰어난 과학자로서의 심리학자상'을 둘 다 수상한 최초의 심리학자라는 점이다.

칼 로저스는 어린 시절에 부모와 사이가 좋지 않았다.[21] 그가 어렸을 때 집안 분위기는 매우 엄격하고 종교적이었다. 그가 자서전에 기록한 바에 따르면, 그와 형제들은 스트레스가 소화기관의 궤양 등 여러 가지 질병을 유발할 수 있는 가족 분위기에서 자랐다. 그래서 한때 그는 자신이 혹시 양자가 아닌가 생각한 적이 있을 정도였다.

심리학자가 되었을 때, 자연스럽게 칼 로저스는 사람이 사랑받고 자랐을 때의 모습과 그렇지 않았을 때의 차이에 주목하게 되었다. 그 중요한 차이 중 하나가 바로 자아실현을 위해 노력하는지 여부라고 할 수 있다. 사랑받고 자라지 못한 사람은 자율적으로 생활하지 못하고 타인의 기대에 영향을 크게 받으며 눈치를 보게 되어 결과적으로 온전한 자신의 모습으로 살지 못하게 된다.

칼 로저스는 개인이 타고난 잠재력을 온전하게 실현할 수 있는 조건으로 다음의 3가지를 제안했다.[22] 첫째, 공감이다. 둘째, 진실성이다. 셋째, 무조건적이고 긍정적인 존중이다. 로저스에 따르면, 이 세 덕목은 우리의 삶이 점화하는 데 필수적인 요건에 해당된다. 다만, 이 3가지는 각각 분리된 것이 아니라 긴밀하게 연관되어 있으며 어떤 때는 함께 나타날 수도 있다.

먼저 공감의 경우, 우리가 숨을 쉬기 위해서는 산소가 필요한 것처럼 우리의 정신세계는 공감이 필요하다. 누군가 재능을 타고났다고 해서 그 재능을 발휘하는 일이 보장되는 것은 아니다. 재능이 있는 사람이 실제로 그 재능을 발휘하기 위해서는 누군가로부터 공감을 받을 필요가 있다.

앞서 자기효능감을 소개하면서, 사회적 학습을 통해 특정 역량을 갖추게 되더라도 그것을 실제로 발휘하기 위해서는 자신이 그 일을 해낼 수 있다는 믿음을 갖는 것이 중요하다고 말했다. 믿음은 근거를 필요로 한다. 바로 타인의 공감이 믿음의 근거가 되는 동시에 자기효능감의 원천이 될 수 있다. 이런 점에서 공감은 우리가 하고 싶어 하는 동시에 할 수 있는 일을 실제로 해낼 수 있도록 돕는 심리적 에너지라고 할 수 있다.

다음으로 진실성의 경우, 온전한 자기 모습으로 살아가기 위해서는 함께 생활하는 사람들과 자신의 진실한 모습을 공유할 수 있어야 한다. 진실성과 관련해서 핵심적인 이슈 중 하나가 바로 '선의의 거짓말' 문제다. 살면서 때로는 진실한 모습을 보여주기보다는 선의의 거짓말을 주고받는 것이 더 낫겠다는 생각이 드는 순간이 있다. 하지만 어떤 이유에서든 자신의 진짜 모습을 드러내지 못한 채 가면을 쓰고 생활하는 조건에서는 참된 성장을 하기가 어렵다. 진정한 성장은 가면을 벗고 자신의 참모습을 드러낼 수 있는 사람들과의 관계 속에서만 이루어질 수 있다. 우리에게 좋은 친구, 좋은 선생님, 좋은 가족이 필요한 이유도 바로 여기에 있다.

마지막으로, 무조건적이고 긍정적인 존중은 실수를 하거나 잘못을 한 경우에도 상대를 감싸주는 것을 말한다. 보통 채찍과 당근 전략에서는 잘하면 보상을 해주고 잘못하면 처벌을 한다. 이것을 심리학에서는 '조건적인 존중'이라고 부른다. 이에 반해 무조건적이고 긍정적인 존중은 잘할 때도 존중하고 잘 못할 때도 존중하는 것이다.

흔히 사람들은 매를 아끼면 자녀가 버릇없어질 수 있다고 생각한다. 하지만 하버드 대학교의 성인발달 연구 결과는 일반적으로 문제를 일으키는 청소년들은 따뜻한 부모가 아니라 자녀에게 체벌을 하거나 자녀를 따뜻하게 품어주지 못한 부모 밑에서 나온다는 점을 잘 보여준다.[23] 무조건적이고 긍정적으로 존중한다는 것은, 자동차로 비유하자면, 브레이크 페달을 밟아야 할 때 충분히 밟지 않거나 액셀러레이터를 밟아야 하는 상황에서 힘차게 밟지 않는 경우 각 상황에 적절한 페달을 잘 밟을 수 있도록 지지하고 격려하는 것이라고 할 수 있다. 칼 로저스는 지금까지 소개한 성장을 위한 3가지 조건을 잘 갖춘 건강한 사람을 '충분히 기능하는 사람'이라고 불렀다.

인간은 언젠가 죽는다

독일의 철학자 프리드리히 니체(Friedrich Nietzsche, 1844~1900)는 '영원한 반복'이라는 사고실험을 제안한 적이 있다.[24] 지금 내가 살고 있는 모습이 영원히 반복된다고 가정해 보자. 지금의 모습이 앞으로 영원히 지속되고 그 어떤 변화도 일어나지 않는다고 생각해 보자. 만약 그 모습이 마음에 안 든다면, 오직 하나의 해석만이 가능하다. 여러분은 단한 번뿐인 삶을 제대로 살고 있지 못한 것이다!

니체의 사고실험은 삶에 대한 실존주의*적 관점을 잘 보여준다. 실존주의에서는 한 번뿐인 삶을 주체적으로, 의미 있게 살기 위해서 어떤 노력이 필요한지에 특별한 관심을 기울인다.

롤로 메이(Rollo May, 1909~1994)는 대표적인 실존주의 심리학자이다. 그는 한때 결핵에 걸려 오랫동안 요양 생활을 해야 했고, 여러 차례 죽음의 문턱에 이르기도 했다.[25] 그는 심리학자들이 과학적 접근을 강조한 나머지 객관성이라는 미명하에 인간의 삶을 비인간적 방식으로 다루는 것에 비판적 입장을 취했다. 그에 따르면, 과학적 심리학은 객관성이라는 가치중립적 목표를 추구하기 위해 인간적 가치를 추구하는 길을 포기했다. 이런 맥락에서 그는 과학적 심리학이 가치 있는 삶을 위해 우리가 어떤 노력을 기울여야 하는지에 대해 답을 주지 않는다고 비판했다.

실존주의에서는 주로 죽음의 문제에 특별한 관심을 기울인다. 왜냐하면 삶과 죽음은 동전의 앞뒷면처럼 불가분의 관계를 지니기 때문이다. 삶에서 가치는 인간이 언젠가는 죽는다는 사실과 밀접한 관계가 있다. 만약 삶이 영원히 지속될 수 있다면 인간의 삶이 그토록 귀중한 것이 될 수는 없기 때문이다. 이런 점에서 실존주의 심리학에서는 죽음이 삶의 문제에서 차지하는 영향력은 흔히 사람들이 생각하는 것 이상이 된다고 제안했다.

공포 관리 이론
(terror management theory, TMT)
공포 관리 이론은 죽음을 피할 수도 없고 예측하기도 어렵다는 자각에서 비롯된 존재론적 불안과 공포에 대처하기 위한 심리적인 기제들을 설명하는 이론임. 주로 자존감, 집단 간 편견, 건강 관련 행동 등 다양한 심리적 현상을 설명하는 데 사용됨.

공포 관리 이론*은 실존주의의 이러한 관점이 타당하다는 것을 경험적으로 뒷받침해 주었다. 공포 관리 이론에 따르면, 인간은 필연적으로 경험하게 되는 죽음에 대한 두려움을 극복하기 위해 특별한 심리적 노력을 기울이게 된다.[26] 바로 자기 자신을 포함한 인간을 다른 동물들보다 더 가치 있고 의미 있는 존재로 바라보는 동시에 문화적 유산을 남김으로써 상징적 의미에서의 불멸성을 얻을 수 있는 길을 추구하는 것이다.

공포 관리 이론은 상징적인 불멸성을 추구하고자 노력하는 것이 죽음에 대한 생각이 떠오르는 것을 줄여주는 효과가 있다는 점을 입증했다. 공포 관리 이론과 관련된 실험에서는 죽음에 대한 생각이 떠오르는 정도를 일종의 단어 완성 과제를 통해 평가한다. 이 과제에서는 연구참여자들에게 미완성 단어들을 제시하고 철자를 추가함으로써 단어를 완성하게 한다.

예를 들어, 그림 29처럼 연구참여자들에게 '해골' 또는 '해결'이라는 단어를 완성하거나 '시차' 또는 '시체'라는 단어를 만들어낼 수 있는 미완성 단어들을 제시하는 것이다. 연구참여자들 중 죽음에 대한 생각을 많이 떠올리는 사람일수록 이러한 단어 완성 과제에서 죽음과 관련한 단어를 더 많이 만들어낸다.

실존주의에 따르면, 청소년기에 죽음의 문제에 대해 지혜롭게 사고하

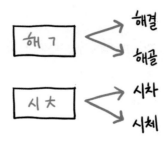

그림 29 죽음에 대한 생각 정도를 파악할 수 있는 단어 완성 과제

는 방법을 배우는 것이 중요하다. 삶의 유한성에 대한 깨달음이 없다면 삶의 진정한 가치를 경험하는 것이 불가능하기 때문이다. 우리는 사실상 무한정 주어지는 것들에 대해서는 중요한 가치를 경험하지 못한다. 희소성이 있는 것들에 내해서만 가치를 느낄 수 있다. 실존주의에서는 삶의 가장 중요한 특징 중 하나가 바로 단 한 번 주어진다는 것이다.

죽음의 문제에 대한 지혜로운 인식은 우리에게 원치 않는 일을 과감하게 거절할 수 있는 마음의 힘을 선물해 줄 수 있다. 우리가 죽음의 문제에 효과적으로 대처할 수 있는 방법 중 하나는 바로 '삶을 심리학적으로 완성하기 위해 노력하는 것'이다. 삶에 대한 심리학적 완성(psychological consummation)은 자기 삶을 의미 있게 재구성함으로써 자기 삶 속에서 참된 가치를 발견하는 것을 말한다.

4
나의 고유한 특성을 찾아서

나는 얼마나 성숙한가?

성격심리학*의 개척자 중 한 명으로 평가받는 미국의 심리학자 고든 올포트(Gordon Allport, 1897~1967)는 20대 초반의 패기만만하던 시기에 당시로서는 가장 유명한 심리학자 중 한 명이었던 프로이트에게 면담을 요청하는 편지를 썼다.[27] 놀랍게도 프로이트는 그에게 자신을 찾아오라는 회신을 보냈고, 그 서신을 받은 올포트는 무척 기뻤다.

올포트가 찾아갔을 때, 프로이트는 그를 정신분석연구소로 친절하게 안내했다. 하지만 막상 자리에 앉자 프로이트는 마치 내담자를 대하기라도 하듯 그에게 아무 말도 하지 않았고, 잠시 어색한 침묵이 흐른 뒤에 마침내 올포트가 입을 열었다. 그는 프로이트에게 자신이 정신분석연구소를 찾아가는 도중에 전차에서 있었던 일화를 소개했다.

올포트는 다소 강박적인 면이 있는 것으로 보였던 네 살짜리 소년에 대해 얘기했다. 그는 프로이트에게 그 소년이 전차에서 엄마에게 더러운 남자가 자기 옆에 앉지 못하게 해달라고 연신 떼를 썼다고 말했다. 그 얘기를 들은 프로이트는 이내 침묵을 깨고 "혹시 그 소년이 당신이었나요?"라고 물었다.

올포트는 프로이트의 이러한 반응에 큰 충격을 받았다. 그는 프로이트가 충분한 정보가 없는 상태에서 다른 사람들의 부정적인 면을 지나치게 확대해석한다고 느꼈다. 그리고 무의식적 갈등이라는 하나의 기준을 지나치게 확대 적용하고 있다고 평가했다. 올포트는 프로이트와의 만남 이후 정신분석으로부터 마음이 떠났고, 인간의 어두운 면보다는 건강한 성격을 탐구하는 쪽으로 연구 방향을 전환했다.

올포트의 관점과는 다르게, 정신분석의 맥락에서 본다면 프로이트는 올포트의 성격을 잘 꿰뚫어본 것으로 보인다. 인간의 마음속에는 긍정적인 면과 부정적인 면, 그리고 건강한 면과 병약한 면이 공존한다. 하지만 올포트는 당시의 심리학 흐름에서 벗어나 마치 독불장군처럼 인간의 긍정적이고 건강한 면을 탐구하는 데 집중했다. 상징적 의미를 고려할 때, 그의 이러한 선택은 전차에서 만났던 소년이 더러운 것을 보통사람들보다 훨씬 더 배척하는 모습을 떠올리게 한다.

올포트는 프로이트와의 만남이 계기가 되어 훗날 특성이론*의 개척자가 되었다. 그리고 청소년이 성숙 인격, 즉 건강한 성격을 갖추기 위해 노력해야 할 방향으로 다음의 다섯 항목을 제시했다.

첫째, 사회적인 관심이다. 건강한 사람은 자신에 대한 관심뿐만 아니라 함께 생활하는 다른 사람들의 행복에도 관심을 기울인다. 둘째, 친밀한 관계다. 건강한 사람은 다른 사람들과 자신의 차이를 존중하는 동시에 자신과 차이를 지닌 사람들과도 우호적인 관계를 맺는다.

셋째, 정서적인 안정이다. 건강한 사람은 정서적으로 동요될 수 있는 상황에서도 흥분하거나 불안과 긴장에 압도당하지 않는다. 넷째, 문제 중심적이다. 건강한 사람은 문제 상황에서 자기 생각을 앞세우지 않고 자신이 처한 상황에 맞는 의사 결정을 한다. 마지막으로, 자기객관화이다. 건강한 사람은 자신의 생각과 행동에 포함되어 있는 오류나 모순적인 면을 간과하거나 무시하지 않고 수용함으로써 자만에 빠지지 않는 동시에 시행착오를 합리적으로 줄여 나간다.

> **특성이론(trait theory)**
> 개인의 성격을 특성으로 기술하고 설명하는 성격 이론. 특성은 시간과 상황이 변해도 어느 정도 안정적인 면을 보이는 개인의 행동 특징을 말함.[28]

누구나 고유한 특성을 가지고 있다

사람들은 다양한 특성을 나타낸다. 예를 들어, 어떤 사람은 책장의 책들을 가나다 순으로 잘 정리해 두는 반면, 또 다른 사람은 책을 특별한 규칙 없이 되는대로 꽂아둔다. 또 어떤 사람은 다른 무엇보다 야외활동을 좋아하는 반면, 누군가는 독서를 더 좋아한다.

특성이론의 강점은 주어진 문제 상황에서 누군가가 어떤 행동을 선택할지를 효과적으로 예측해 줄 수 있다는 점이다. 예를 들어, 외향적인 학생의 경우 학교에서 자유 시간이 주어질 때 친구들과 운동장으로 놀러 나가는 것과 교실에 남아 독서를 하는 것 중 어느 쪽을 선택할지 그다지 어렵지 않게 예측할 수 있다.

문제는 과연 이러한 특성이 몇 가지나 있는가 하는 점이다. 이 문제에 대한 대답 중 하나는 '세상에 존재하는 사람들 숫자만큼 많을 것'이다. 왜냐하면 인간은 누구나 고유한 특성을 적어도 하나씩은 갖고 있을 수 있기 때문이다.

심리학에서는 이러한 문제를 해결하기 위해 주로 '요인분석(factor analysis)'이라는 방법을 활용한다. 이 방법에서는 비슷해 보이는 여러 가지 특징들의 공통분모를 찾아내기 위해 서로 연관된 특징을 측정하는 심리검사들을 종합적으로 실시한 후 그러한 검사들 간 상관, 즉 심리검사들이 서로 관계된 정도를 조사한다. 이때 상관은 값이 −1에서 1 사이에 속하는 것으로, 점수의 절댓값이 클수록 정적으로든 부적으로든 서로 연관성이 높음을 뜻한다.

아래 그림은 외견상 서로 관계가 있는 것처럼 보이는 특징들을 측정하는 심리검사들 간 상관값을 보여준다. 상관값을 기준으로 할 때, 6가지 검사들은 불안, 우울, 무기력 집단, 그리고 분노, 공격성, 충동성 집단으

	불안	우울	무기력	분노	공격성	충동성
불안						
우울	.69					
무기력	.80	.85				
분노	.19	.29	.20			
공격성	.08	.22	.10	.81		
충동성	.23	.27	.15	.75	.80	

그림 30 여러 특성들을 측정한 심리검사 결과 간의 상관값

로 구분할 수 있다. 같은 집단에 속하는 검사들 간의 상관값이 다른 집단에 속하는 검사들 간의 상관값보다 상대적으로 더 큰 것으로 나타난다. 예를 들면, 우울과 무기력의 상관값(.85)이 우울과 분노(.29)의 상관값보다 더 크다.

영국 출생의 미국 심리학자로, 성격의 객관적 측정의 중요성을 강조했던 레이먼드 카텔(Raymond B. Cattell, 1905~1998)은 이러한 요인분석 방법을 이용해 16가지 특성 요인들을 추출했다.[29] 언뜻 보기에는 16가지 요인이 적은 것처럼 보일지라도 16가지 요인으로 만들어낼 수 있는 유형의 개수는 무려 256가지나 된다. 16가지 유형 각각마다 해당 특징이 존재하는지 여부에 대해 16가지 조합을 만들 수 있기 때문이다. 따라서 16가지 요인으로 만들어낼 수 있는 성격유형은 총 65,536가지나 된다.

카텔이 제안한 16가지 요인은 이론적 효율성과 실용성의 측면에서 약점이 있었다. 그렇기 때문에 나중에 독일 출생의 영국 심리학자 한스 아이젠크(Hans Eysenck, 1916~1997)는 외향성(사회적 지향성), 신경증적 경향성(정서적 불안정성), 정신증적 경향성(사고 및 태도의 특이성)의 3가지 요인으로 단순화했다.[30]

카텔의 이론과는 대조적으로 아이젠크의 이론은 성격 특징을 지나치게 단순화했다는 약점이 있다. 2^3은 8인데, 8가지 유형으로 인간의 다양한 특성들을 모두 설명하는 데는 한계가 있었다. 그럼에도 불구하고 아이젠크는 매우 독창적인 특성이론가로서 영재성과 창의성 등의 영역에서 커다란 공헌을 남겼다.

성격 요인 다섯 가지

대표적인 특성이론은 '빅5 이론'이다.[31] 흔히 '5요인 이론'이라고 불리는 이 특성이론에서는 특성을 개방성(Openness to Experience), 성실성(Conscientiousness), 외향성(Extroversion), 우호성(Agreeableness), 신경증성(Neuroticism)의 5가지 요인으로 구분한다. 이 요인들의 앞 글자를 따서 '오션(OCEAN) 모델'이라고 부르기도 한다.

개방성은 관습적인 시도를 하기보다는 새로운 도전을 선호하며 상상력이 풍부한 것을 가리킨다. 성실성은 신중하고 사려 깊으며 자기관리에 능한 것을 말한다. 외향성은 사교적이고 활기찬 모습을 보이는 경향을 뜻한다. 우호성은 타인에게 친절하고 사회적인 조화를 중시하는 것을 말한다. 마지막으로 신경증성은 정서적인 취약성과 불안정성을 뜻한다.

쌍생아를 대상으로 한 연구에 따르면, 이 5가지 요인들은 모두 유전의 영향을 많이 받는 것으로 나타났다. 5가지 요인 모두 이란성 쌍생아보다 일란성 쌍생아가 더 높은 수준의 상관값을 나타낸다.

특성이론에서는 기본적으로 인간의 특성이 '기본적인 경향성'과 '특유의 적응 과정'으로 구성된다고 제안한다. 예를 들면, 외향적인 사람의 경우 젊은 시절에는 산악자전거를 타는 등 매우 활동적인 모습을 보이다가 나이 들어서는 오토바이를 타고 여행하는 것으로 행동양식을 적응적으로 바꾸기도 한다.

정확하게 나의 특성을 파악하기 위해서는 5요인 성격검사를 받아봐야겠지만, 아마도 요인명을 기준으로 자신의 특성이 어떠한지 추정하는 것은 가능하다. 이런 맥락에서 각 요인을 상·중·하 세 범주로 구분한 후, 자신의 각 특성이 어느 수준인지 평가해 보자. 예를 들어, 만약 스스로 내향적인 사람이라고 생각한다면, 외향성 점수를 '하'로 평가하는 것이다.

스스로 자신의 특성에 대해 평가한 결과를 그림 31과 비교해 보자. 이 그림은 한국인을 포함한 동아시아 사람들이 다른 세계 지역 사람들과 특성 측면에서 어떤 차이를 나타내는지를 보여준다.

일반적으로 동아시아 사람들은 개방성, 성실성, 외향성, 우호성은 낮은 것으로 스스로 평가하는 반면, 신경증성은 상대적으로 더 높은 것으로 응답한다. 여기서 중요한 점은 이러한 결과는 자기보고식 검사로 평가한

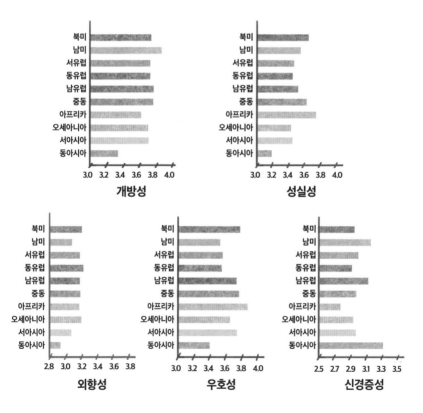

그림 31 전 세계 지역별 성격의 5요인 점수

것이기 때문에 그 자체만으로는 객관적 지표라고 보기 어렵다. 사람들의 주관적 생각을 보여주는 것일 뿐이다. 하지만 이러한 결과는 적어도 동아시아 사람들이 다른 지역의 사람들에 비해 스스로에 대해 어떻게 생각하고 있는지를 보여주는 것은 분명하다.

문제는 동아시아 사람들이 상대적으로 긍정적인 특성들에 대해서는 스스로 낮은 점수를 부여하는 반면에 부정적 특성인 신경증성에 대해서는 높은 점수를 부여한다는 점이다. 아마도 이러한 결과는 이 척도가 서구인의 시각에 기초해 제작된 자기보고식 검사라는 한계를 반영하는 것으로 보인다. 따라서 객관적인 성격 평가를 위해서는 자기보고식 검사 외의 방법을 추가적으로 활용하는 것이 중요하다.

5

나에게 조금 더 가까이
다가가기 위한 심리검사

자기보고식 검사로 개인의 성격 탐색하기

개인의 성격 특징 중에는 자기 자신이 가장 잘 알 수 있는 영역들이 있다. 예를 들면, 우울과 불안 등이다. 이러한 특징들은 눈에 보이는 것이 아니기 때문에 일반적으로 다른 사람들이 관찰하거나 평가하기가 어렵다.[32] 이런 특성들은 자기보고식 검사가 가장 효과적인 평가 도구가 될 수 있다.

단, 자기보고식 검사는 수검자가 교통사고 보상금 등을 받기 위해 일부러 거짓 보고를 하는 경우에는 검사 결과가 부정확할 수밖에 없다. 또 일부러 거짓 보고를 하지 않는 경우에도 사람들이 자기보고식 검사에 응답한 내용은 해석할 때 신중을 기해야 한다. 예를 들면, 우울과 마찬가지로 행복을 평가할 때도 자기보고식 검사로 평가하는 것이 가능할 것

그림 32 측정 대상에 따른 자기보고식 검사의 타당성 차이

같지만 사실은 그렇지 않다. 그 둘은 속성이 비슷해 보일지라도 실제 성격이 다르기 때문이다.

만약 수검자가 보상금 때문에 거짓말을 할 만한 특별한 사유가 없는 상황이라면, 당사자가 스스로 우울하다고 보고할 경우 그 사람은 우울한 상태에 있다고 평가할 수 있다. 반대로, 거짓말을 하는 경우가 아닐 때도 수검자가 스스로 행복하다고 주장을 하는 것만으로는 그 사람이 행복한 상태에 있다고 결론 내릴 수 없다. 행복은 당사자의 자기만족을 넘어서 다른 사람들과도 긍정적 감정을 적극적으로 공유하는 것을 뜻하기 때문이다.

성격에 문제가 있어서 다른 사람을 괴롭히는 미성숙한 사람도 본인 스스로는 만족스럽다고 보고할 수 있다. 하지만 이런 경우에 그러한 사람이 행복한 상태에 있다고 말하기는 어렵다.

이러한 예에서 확인할 수 있는 것처럼, 자기보고식 검사를 유용하게 활용하기 위해서는 사람들이 자기보고식 검사에서 응답하는 독특한 방식을 고려할 필요가 있다. 놀랍게도 자기보고식 검사로 조사를 할 경우, 정상인은 정신과적인 문제 증상들에 대해 '신경증 환자' 또는 '정신병 환자'보다도 자신에게 문제가 더 많다는 식으로 응답하기도 한다.[33] 여기서 정신병 환자는 정신과 폐쇄병동 입원 환자를, 그리고 신경증 환자는 정신과 외래 환자를 뜻한다. 정신과 폐쇄병동 입원 환자는 현실을 왜곡하는 증상의 정도가 심해서 사실상 일상생활이 어려운 반면, 정신과 외래 환자는 증상이 상대적으로 덜 심각하기 때문에 통원 치료가 가능하다.

예를 들면, "당신은 타인에 대해 비판적입니까?"라는 질문에 대해 신경증 환자 집단은 32퍼센트가, 정신병 환자 집단은 39퍼센트가, 정상인 집단은 69퍼센트가 "그렇다"라고 대답한다. 물론, 객관적으로는 정상인보다는 정신과 환자가 타인에 대해 더 비판적인 모습을 보인다.

이러한 점을 반영하여 주요 성격검사들은 타당도 척도를 포함하고 있다.[34] 타당도 척도는 수검자가 솔직하게 응답했는지, 혹은 증상을 과장하거나 다른 사람들에게 좋은 인상을 주는 방식으로 응답했는지 등에 관한 정보를 제공해 준다.

대표적인 청소년용 자기보고식 성격검사로는 청소년용 다면적 인성검사(Minnesota Multiphasic Personality Inventory-A; MMPI-A)를 들 수 있다. MMPI-A는 총 478문항으로 구성되어 있으며, 모든 문항에 '예/아니오'로 응답하도록 되어 있다. MBTI는 성격유형에 대한 정보는 주지만 정신건강에 관한 정보는 제공해 주지 않는다. 대조적으로 MMPI-A는 성격 특징에 관한 정보와 더불어 정신건강 관련 정보를 함께 제공해 준다.

비록 자기보고식 검사가 그 자체만으로는 객관적 정보를 주지 못하더라도 표준화 과정을 통해 개인의 검사 결과를 다른 사람들의 결과와 비교할 수 있게 되면 성격 특징에 관해 유용한 정보를 제공해 줄 수 있다. MMPI-A의 검사 결과는 각 척도별 T점수로 제시된다. T점수는 평균이 0, 표준편차가 1인 표준점수인 Z점수를 평균 50, 표준편차 10인 분포로 전환시킨 표준점수이다. MMPI-A는 T점수로 환산한 척도별 평균인 50점을 기준으로 했을 때 1표준편차에 해당되는 10점 이상 벗어날 경우 약간 상승된 점수로 간주한다. 특히, MMPI-A의 어느 한 척도의 점수가 65점 이상이라면 유의하게 상승한 점수로 간주하고 해당 척도의 특성이 두드러진 것으로 해석한다.

다시 한 번 말하지만, 자기보고식 성격검사는 개인이 자신에 대해 어떻게 생각하는지와 관련해서 중요한 정보를 제공해 준다. 다만, 그러한 정보만으로는 수검자의 상태를 객관적으로 파악하기 어렵기 때문에 심리학자들은 다른 평가 도구들을 함께 활용한다. 여기에는 다음에 소개하는 대표적 투사 검사들이 포함된다.

내 마음을 비추는 거울, 투사 검사

심리검사 중에는 '내 마음을 비추는 거울' 역할을 하는 검사가 있다. 바로 투사★ 검사다. 투사적 가설(projective hypothesis)에서는 수검자에게 모호한 자극을 보여줄 경우, 응답 과정에서 수검자가 내면의 정보를 자연스럽게 표현하게 된다고 주장한다.[35]

로르샤흐 검사(Rorschach test)는 가장 대표적인 투사 검사이다. 이 검사명은 개발자인 정신과 의사이자 정신분석학자 헤르만 로르샤흐(Hermann Rorschach, 1884~1922)의 이름을 딴 것이다. 헤르

투사(projection)
자아가 받아들일 수 없는 욕구나 동기를 자신이 아닌 다른 대상에게로 귀속시키는 것을 뜻하며, 마음속에 있는 것이 밖으로 돌출되어 나간다는 의미.

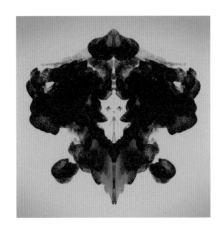

그림 33 실제 로르샤흐 카드가 아닌 예시 카드

만 로르샤흐는 어려서부터 한 사람이 좌우 대칭의 잉크 반점을 만든 다음 그것과 관련된 수수께끼를 내면 나머지 사람들이 그 수수께끼를 푸는 게임을 즐겼다. 그가 워낙 이 게임을 좋아했기 때문에 어린 시절 그의 별명도 '잉크 반점(klex)'이었다.

정신과 의사가 된 후 그는 자신이 좋아하는 잉크 반점을 활용해 정신과 환자들에 대한 심리진단을 할 수 있는 로르샤흐 검사를 개발했다. 로르샤흐 검사에서는 수검자에게 그림 33과 같은 잉크 반점 카드를 보여주고 그것이 무엇처럼 보이는지 응답하도록 요청한다.

MMPI-A와 같은 자기보고식 검사의 경우에는 수검자가 자신의 여러 모습에 대해 스스로 생각한 내용을 응답하게 된다. 따라서 수검자의 응답 내용을 수검자의 성격과 관련지어 해석하는 것은 자연스러운 일이다. 하지만 로르샤흐 검사에서는 수검자가 자신에 대해서 대답하는 것이 아니라 잉크 반점에 대해서 응답한다. 그렇다면 이러한 반응 내용이 어떻게 그 사람의 성격을 드러내는 것일까?

로르샤흐 검사에서는 카드의 특성을 명백한 카드 특성과 모호한 카드 특성으로 구분한다. 명백한 카드 특성은 검사 과정에서 대부분의 사람들이 유사하게 지각하고 응답하는 것을 말한다. 모호한 카드 특성은 소수의 사람들이 독특하게 응답하는 것을 뜻한다.

일반적으로, 명백한 카드 특성과 관련한 반응에는 수검자의 독특한 성격 특징에 관한 정보가 거의 들어 있지 않다. 그와 대조적으로 모호한 카드 특성과 관련한 반응에는 개인의 욕구, 태도, 갈등, 관심 등 다양한 투사적 정보들이 담기게 된다. 따라서 로르샤흐 검사를 해석하는 핵심 요소는 수검자의 로르샤흐 반응에서 명백한 카드 특성에 기초한 반응과 모호한 카드 특성에 기초한 반응, 즉 투사적인 반응을 구분해 내는 것이라고 할 수 있다.

로르샤흐 검사를 실시하고 해석하기 위해서는 매우 높은 수준의 전문성이 필요하다. 왜냐하면 로르샤흐 검사에서는 수검자의 언어적 반응을 '로르샤흐 언어'로 번안해 내는 과정이 중요하기 때문이다. 한국에서는 로르샤흐 검사에 대한 전문성을 공인받을 수 있는 대표적인 집단이 임상심리 전문가(또는 정신건강임상심리사 1급)이다.

자아상과 가족과의 관계를 보여주는 검사

기본적으로 인간의 내면 세계는 보이지 않는 세계다. 하지만 '집-나무-사람 검사(House-Tree-Person Test; HTP Test)'는 보이지 않는 내 마음속 모습을 일종의 자화상처럼 보여줄 수 있다. 집, 나무, 사람은 누구나 쉽게 그릴 수 있는 친숙한 대상으로, 한 개인의 내면의 모습을 드러내 줄 수 있는 상징적 소재라고 할 수 있다.[36] 심리학적 관점에서 볼 때 그림은 비언어적 언어(non-verbal language)로, 우리가 내면의 세계와 소통할 수 있는 효과적인 수단이 될 수 있다.

HTP 검사에 관한 설명을 읽기에 앞서 직접 검사를 해보기 바란다. HTP 검사를 하는 방법은 간단하다. 먼저, 준비물로 B5 용지 4장과 연필, 지우개가 필요하다. 최근에는 A4 용지를 주로 사용하지만, HTP 검사를 처음 개발한 미국의 임상심리학자 존 벅(John Buck)은 오늘날의 B5 용지 크기에 해당되는 용지를 사용했다.[37]

다음으로, 그림을 그릴 때는 사전에 용지의 방향(가로 혹은 세로)을 반드시 확인하기 바란다. 또 그림을 그릴 때마다 시간이 어느 정도 걸렸는지를 기록해 두기 바란다. 그림을 그리는 도중에 필요하면 지우개를 사용해서 그림을 수정해도 된다.

첫 번째 그림으로는 B5 용지를 '가로' 방향이 되도록 둔 상태에서 '집'을 그린다. 두 번째 그림으로는 B5 용지를 '세로' 방향이 되도록 둔 상태에서 '나무'를 그린다. 세 번째 그림으로는 B5 용지를 '세로' 방향이 되도록 둔 상태에서 '사람'을 그린다. 마지막으로, B5 용지를 '세로' 방향이 되도록 둔 상태에서 앞에서 그린 사람과 '반대되는 성에 해당되는 사람'을 그린다. 예를 들어, 앞에서 여자를 그렸으면 이번에는 남자를 그리는 것이다.

4장의 그림을 모두 다 그린 후, 만약 그림 중에 1분도 채 안 되는 시간 동안 간단하게 그린 그림이 있다면 처음부터 다시 그리되 이번에는 조금 더 공을 들여서 그리기 바란다. 그림을 모두 그린 다음에는 그림 뒷면에 그림을 그린 날짜를 기록한다. 그다음에 각 그림에 대한 구체적 설명과 각 그림을 보면서 드는 생각과 느낌을 기록해 둔다. 반드시 그림을 먼저 그린 후 아래에 이어지는 설명을 참고하기 바란다.

기본적으로 집 그림은 부모 및 가족과의 관계에 대한 정보를 제공해 준다. 부모 및 가족과의 관계는 보이지 않는 세계이지만 집 그림은 그러한 관계가 어떤지를 상징적으로 보여준다.

나무 그림은 자아상을 상징적으로 보여준다. 나무를 그릴 때 사람들은 나무 그림을 통해 자아상이 드러나게 된다는 생각을 미처 하지 못하기 때문에 자기보고식 검사에 응답할 때에 비해 훨씬 덜 방어적인 모습을 나타낸다.

사람 그림은 다른 사람들이 나를 바라볼 때 받게 되는 인상을 상징적으로 보여준다. 다시 말해서, 사람들은 나를 바라볼 때, 내가 직접 그린 사람을 바라보면서 경험하게 되는 것과 유사한 느낌을 받게 된다는 의미이다.

HTP 검사를 해석할 때는 각 그림이 상징적으로 나타내주는 해석적인 의미 외에도 그림의 크기와 위치, 그림에 포함된 선들의 진한 정도, 그리고 선들의 처리 방식 등을 종합적으로 평가한다. 특히 HTP를 해석할 때 어떤 용지가 사용되었는지를 확인하는 것은 매우 중요하다. 왜냐하면 동일한 크기의 그림도 그것이 A4에 들어 있을 때는 B5에 들어 있을 때보다 상대적으로 더 작아 보이기 때문이다.

HTP 검사를 해석할 때는 속단하거나 지나치게 부정적으로 해석하지 않도록 주의를 기울일 필요가 있다. 흔히 약점에 대해 말하는 것이 강점에 대해 말하는 것보다 쉽다. 그래서 HTP 검사를 해석할 때도 부정적인 면에 초점을 맞추기가 쉽다. 하지만 심리검사의 가치는 수검자의 부정적인 면을 분석하는 것보다는 긍정적인 면에 초점을 맞추는 데 있다.

그냥 좋아서 하는 활동

전통 사회에서 자녀들은 주로 부모의 직업을 이어받았다. 하지만 지금은 그렇지 않다. 많은 청소년들이 부모와는 다른 직업을 선택한다. 그리고 심리학자 미하이 칙센트미하이(Mihaly Csikszentmihalyi, 1934~2021)에 따르면, 청소년들은 자신의 직업에 대해 높은 수준의 기대감을 갖고 있는 것으로 나타났다.[38]

조사에 참여한 청소년들 중 15퍼센트가 의사나 변호사가 되기를 희망하지만, 이러한 직업군은 전체 인구 중 1퍼센트에 불과하다. 다시 말해서, 이러한 직업군의 경우 현실적으로 목표에 도달할 수 있는 숫자에 비해 15배나 더 많은 청소년들이 그 직업을 꿈꾸고 있다. 이러한 문제는 스포츠 분야에서는 더 심각하다. 실제 프로 선수가 될 수 있는 현실적인 숫자에 비해 무려 500배가 넘는 청소년들이 그러한 직업을 꿈꾸는 것으로 나타났다. 이러한 결과는 청소년들이 자신에게 맞는 직업을 선택할 수 있는 기회를 적절히 제공받지 못하고 있는 현실을 반영한다.

미하이 칙센트미하이는 청소년들이 이러한 삶의 문제를 해결하기 위해 하루 24시간을 어떤 활동으로 채우는 것이 상대적으로 더 효과적인지를 탐구했다. 그 결과, 자기목적성을 갖춘(autotelic) 활동을 하는 것이 행복한 삶에 중요한 영향을 미친다는 것을 발견했다.

자기목적성이란 일 또는 활동 그 자체가 좋아서 하는 것을 말한다. 예를 들면, 바둑 그 자체를 좋아하기 때문에 바둑을 취미로 삼는 사람은 자기목적성을 갖춘 활동을 하는 것이다. 반면에 돈을 걸고 내기 바둑을 두거나 바둑에서 승리해 승급하는 것을 목표로 바둑을 두는 사람은 자기목적성을 갖추지 못한 것이다.

자신의 모든 활동을 자기목적성을 갖춘 것으로 채울 수는 없다. 하지만 일주일 정도 사람들이 생활하는 모습을 추적 조사하면, 어떤 사람이 자신의 시간을 상대적으로 자기목적성을 갖춘 활동으로 더 많이 채우고, 또 어떤 사람이 그렇지 않은지를 충분히 구분할 수 있다.

일반적으로 자기목적성이 있는 청소년들은 그렇지 않은 청소년들에 비해 상대적으로 능동적인 형태의 활동인 공부, 취미, 운동은 더 많이 하는 반면에 수동적 형태의 활동인 TV 시청은 더 적게 하는 것으로 나타났다.

『몰입의 즐거움』

미하이 칙센트미하이 지음, 이희재 옮김, 해냄출판사, 2021.

창의성에 관한 연구로 유명한 심리학자 미하이 칙센트미하이가 집필한 대표작이다. 그는 '경험추출법(experience sampling method)'이라는 방법을 사용해서 행복한 삶을 위해서는 어떤 활동이 필요한지를 조사했다.

경험추출법은 연구참여자들에게 메신저를 나눠준 후 프로그램으로 신호가 주어지는 순간에 연구참여자들이 어떤 활동을 얼마나 어떻게 하고 있었는지를 평가하는 방법이다. 이러한 방법의 가장 큰 장점은 과거의 경험을 회상하는 방식으로 자료를 수집하는 경우 발생할 수 있는 부정확한 보고의 문제를 예방할 수 있다는 것이다.

경험추출법을 사용해 분석한 결과, 사람들은 최적의 경험을 여가 활동, 즉 취미와 운동에서 얻는 것으로 나타났다. 여가 활동은 식사보다는 주관적인 만족감을 더 적게 경험하는 활동이다. 하지만 사람들은 다른 어떤 경험들보다 여가 활동에서 최고 수준의 몰입을 경험하는 것으로 나타났다. 미하이 칙센트미하이에 따르면, 인생에서 가장 중요한 과제 중 하나는 바로 몰입의 시간을 통해 나만의 삶의 방식을 찾아내는 일이다.

4장
인간은 사회적 동물

인간(人間)이라는 단어는 말 그대로 '사람과 사람 사이'라는 뜻이다. 인간은 본질적으로 사람들 속에서 행복을 추구해야 하는 사회적 존재다. 하지만 다른 사람들과 좋은 관계를 맺는 것은 결코 쉽지 않으며 꾸준한 노력을 필요로 한다.

코로나-19가 확산된 후 청소년들이 또래들과의 만남을 통해 관계를 맺는 경험을 할 수 있는 기회가 많이 줄었다. 현재 전 세계 청소년들에게는 코로나-19의 확산으로 인해 또래관계에서 '잃어버린 3년'이라는 문제가 존재한다. 향후 이것을 어떻게 보완해 나갈 것인가 하는 문제는 사회와 청소년 모두에게 중요한 과제다. 4장에서는 다른 사람들과 잘 지내는 데 참고할 수 있는 심리학 이론들에 대해 살펴보도록 하겠다.

1

인간에게는 따뜻한
접촉이 필요하다

사랑의 본질을 찾고 싶어 했던 심리학자

해리 할로(Harry Harlow, 1905~1981)는 원숭이를 대상으로 한 애착 (attachment) 연구로 유명한 미국의 심리학자다.[1] 애착은 우리가 다른 사람과 정서적 유대를 맺는 것을 말한다.[2] 해리 할로 이전의 심리학자들은 유아가 자신에게 영양분을 공급해 주는 역할을 하는 사람에게 애착, 즉 정서적 유대감을 형성하게 된다고 믿었다. 하지만 해리 할로는 새끼 원숭이가 영양분을 제공받는 경험보다 정서적 안정감을 주는 터치의 경험을 더 선호한다는 것을 실험을 통해 보여주었다.

해리 할로는 새끼 원숭이에게 그림 34와 같은 두 개의 어미 원숭이 모형을 제시했다. 그중 하나는 나무 머리에 철사로 만든 몸통을 가지고 있었으며 가슴 부분에 우유가 든 젖병이 달려있었다. 나머지 하나에는 우

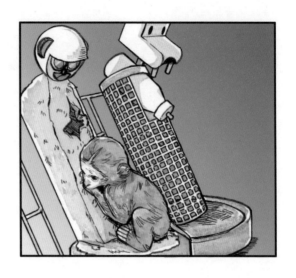

그림 34 새끼 원숭이 실험에서 적용한 어미 원숭이 모형

유 젖병은 없었지만 몸통이 부드러운 천으로 덮여있었다.

실험 결과, 새끼 원숭이는 우유가 나오지만 철사로 제작된 어미 모형보다 우유는 안 나오지만 부드러운 천으로 덮인 어미 원숭이 모형을 더 좋아했다. 새끼 원숭이는 우유가 나오지만 철사로 된 어미 원숭이 모형한테는 잘 가지 않고 거의 대부분의 시간을 부드러운 천으로 덮인 어미 원숭이 모형에게서 보냈다. 배가 고플 때만 잠시 철사로 된 어미 원숭이 모형으로 가서 우유를 먹고 곧바로 다시 천으로 덮인 어미 원숭이 모형에게 가서 매달린 채 시간을 보냈다.

해리 할로는 새끼 원숭이가 천으로 덮인 어미 원숭이 모형에 애착을 느끼는 정도를 평가하기 위해 '철의 여인'이라고 불리는 장치를 개발하기도 했다. 이 장치는 새끼 원숭이가 천으로 덮인 어미 원숭이 모형에 매달리면 날카로운 못으로 새끼 원숭이를 찌르도록 설계되었다. 놀랍게도 새끼 원숭이는 철의 여인이 못으로 자신을 찔러 피투성이로 만들어도 그것에 계속 매달리는 모습을 보였다. 해리 할로는 이것을 '사랑의 본질'이라고 불렀다.

해리 할로는 심리학자로서 사랑의 본질을 찾고 싶어 했고, 원숭이 실험을 통해 그것을 찾았다고 믿었다. 하지만 해리 할로는 사랑을 잘 모르는 사람이었다. 해리 할로는 스스로 동물을 사랑하지 않는다고 고백한 적이 있다. 사실, 그가 사랑을 잘 모르는 사람이었다는 사실은 철의 여인 실험 내용만 떠올려보더라도 쉽게 짐작할 수 있다.

해리 할로가 보고한 바에 따르면, 그의 어머니는 따뜻한 사람이 아니었다. 또 그의 결혼 생활 역시 불행했다. 그는 생애 대부분의 기간 동안 우울증으로 고통받았다.

해리 할로는 사랑의 본질을 발견했던 것이 아니라 정서적으로 불안정한 원숭이의 특징을 찾아낸 것이라고 할 수 있다. 새끼 원숭이가 자신을 피투성이로 만드는 철의 여인에게 계속 매달리는 모습은 사랑이라기보다는 부적응적 형태의 집착에 더 가까워 보인다. 실제로 천으로 된 어미 모형 원숭이와 함께 생활한 새끼 원숭이들은 나중에 정상적인 발달을 하지 못했다. 그들은 전반적으로 사회성이 결여되고 공격적인 모습을 보였다. 또 엄마 원숭이가 되었을 때도 새끼를 잘 돌보지 못했다.

나중에 해리 할로는 철의 여인 장치 등을 이용해 가학적 실험을 한 것 때문에 연구 윤리의 측면에서 많은 비판을 받았다. 그럼에도 불구하고 포유동물의 경우 따뜻한 접촉이 먹이보다 더 중요하다는 점을 입증한 것은 심리학의 역사에서 중요한 공적으로 남아 있다.

나의 애착 유형은 어떤 것일까?

해리 할로의 실험이 보여주듯이, 애착은 인간의 사회적 적응을 예측해 주는 중요한 지표 중 하나다. 이러한 애착을 평가하는 대표적 방법으로는 메리 에인스워스(Mary Ainsworth)의 '낯선 상황 실험'을 들 수 있다.[3]

낯선 상황 실험에서는 먼저 엄마와 아기를 낯선 장소로 데려가 처음 보는 사람과 함께 지내도록 한다. 그 후 엄마가 아기에게 아무 말도 하지 않고 잠시 자리를 비웠을 때 아기가 보이는 행동을 유심히 관찰한다. 이 때 아기가 보이는 반응은 3가지 유형으로 구분할 수 있다.

첫 번째는 안정애착 유형이다. 이 유형의 아기들은 낯선 상황에서 주변을 탐색할 때 엄마를 일종의 '안전기지'로 삼는다. 주변을 탐색하다가 어떤 이유에서든 다소 불안해지면 엄마 곁으로 되돌아와 정서적 안정감을 회복한 후 다시 탐색에 나선다. 이 유형의 아기들은 엄마가 자리를 비운 사실을 깨달았을 때 처음에는 불안해하지만 엄마가 돌아왔을 때 빠르게 심리적 안정감을 되찾는다.

두 번째는 회피애착 유형이다. 이 유형의 아기들은 엄마가 눈앞에서 사라져도 감정적 동요를 두드러지게 나타내지는 않는다. 또 엄마가 돌아왔을 때도 엄마를 그다지 반기지 않고 거리를 두려는 모습을 보인다.

세 번째 유형은 양가애착 유형(또는 애증형)이다. 이 유형의 아기들은 낯선 상황에서 엄마와 함께 있을 때조차도 불안해하는 기색을 보인다. 엄마가 사라졌을 때는 정서적으로 매우 고통스러워한다. 하지만 정작 엄마가 돌아왔을 때는 엄마에게 매달리다가도 곧 엄마를 밀쳐내기도 하는 등 혼란스러운 모습을 보인다.

낯선 상황 실험이 보여주는 것처럼, 부모와 안정적인 애착을 형성한 아

그림 35 낯선 상황 실험의 한 장면

기는 부모와 같은 애착 대상과 잠시 떨어져 지내는 것을 잘 견딜 수 있다. 그리고 이러한 애착 경험을 나중에 친구를 사귀는 등의 사회생활을 할 때 다른 사람들과 안정적인 관계를 맺는 데 활용한다. 대조적으로, 회피애착과 양가애착의 불안정애착 유형은 이후에도 다른 사람들과 좋은 관계를 맺는 데 어려움을 겪는다.

그렇다면 부모와의 관계가 불안정하다면 어떻게 해야 할까? 다행히도 하버드 성인발달 연구 결과는 우리의 전반적 적응 수준을 잘 예측해 주는 것은 실패 경험이 아니라 성공 경험이라는 점을 보여준다.[4] 비록 누군가가 부모와 관계가 좋지 않더라도 그러한 경험이 인생 전체의 방향을 결정지을 만큼 결정적인 역할을 하지는 않는다. 왜냐하면 친구나 교사 등 다른 사람들과 좋은 관계를 맺는 경험이 일부 사람들과 안 좋은 관계를 맺는 경험보다 장기적으로는 적응에 더 중요한 영향을 주기 때문이다. 다시 말해서, 좋은 관계가 주는 긍정의 힘은 나쁜 관계가 야기하는 부정적 효과를 물리칠 수 있다!

따뜻함과 신뢰, 냉혹함과 불신

사람들은 어떤 특성을 가진 사람을 좋아할까? 한 연구에서 참여자들에게 555개의 특성 목록을 제시하고 만약 누군가가 그런 특성을 가지고 있다면 그 사람을 얼마나 좋아하게 될지를 평가하도록 했다. 그 결과, 사람들이 가장 좋아하는 특성과 가장 싫어하는 특성은 그림 36에 제시된 것과 같았다.

먼저 이 그림에서 사람들이 어떤 특성을 가장 좋아하는지를 찬찬히 살펴보기 바란다. 아마도 사람들이 가장 좋아하는 10개의 특성은 전반적으로 '신뢰' 또는 '따뜻함'과 밀접한 관계가 있다. 대조적으로 사람들이 가장 싫어하는 10개의 특성은 '불신' 또는 '냉혹함'과 밀접한 관계가 있다.

해리 할로의 실험이 보여주는 것처럼, 포유동물인 인간에게 따뜻한 접촉이 중요한 것은 당연한 일로 보인다. 그렇다면 왜 사람들은 신뢰를 따뜻함만큼이나 중요하게 생각하는 것일까? 소설가 마크 트웨인(Mark Twain)은 이 문제와 관련해서 의미심장한 말을 남겼다. 그에 따르면, "거짓말은 보편적인 현상이다. 우리 모두 거짓말을 하고 있고, 또 거짓말을 해야만 한다."[5]

심리학 연구 결과는 마크 트웨인의 말이 타당하다는 점을 보여준다. 한 실험에서 연구참여자들을 거짓말을 할 수 없는 조건과 거짓말을 하

가장 좋아하는 특성	가장 싫어하는 특성
진실된	불친절한
솔직한	신뢰할 수 없는
이해심 많은	악의적인
충실한	불쾌한
정직한	솔직하지 않은
신뢰할 만한	부정직한
지적인	잔인한
믿을 만한	심술궂은
허심탄회한	위선적인
배려심 많은	거짓된

그림 36 사람들이 가장 좋아하는 특성과 가장 싫어하는 특성

기 쉬운 조건으로 나누어 비교적 쉽지만 꽤 시간을 들여서 계산해야 하는 산수 문제를 풀도록 했다.[6] 거짓말을 할 수 없는 조건에서는 5분간 많은 문제를 풀도록 한 후 감독관에게 제출했을 때 정답을 맞힌 문제당 700원씩을 지급했다. 대조적으로, 거짓말을 하기 쉬운 조건에서는 연구참여자가 문제를 푼 다음 스스로 채점하고 문제지와 답안지를 문서파쇄기에 넣어 없애게 했다. 그 후 연구참여자가 몇 개를 맞혔는지 감독관에게 말하면, 감독관은 연구참여자에게 스스로 정답을 맞혔다고 주장한 문제당 700원씩을 지급했다.

실험 결과, 거짓말을 할 수 없는 조건에서는 연구참여자들이 평균 4문제를 맞혔지만, 거짓말을 하기 쉬운 조건에서는 연구참여자들이 평균 6문

제를 맞혔다고 보고했다. 흥미로운 점은 이러한 차이가 상금을 터무니없이 많이 받기 위해 결과를 크게 부풀려서 보고하는 소수의 거짓말쟁이 때문에 발생하는 것이 아니라, 연구참여자 대다수가 실제 결과보다는 조금씩 더 부풀려서 보고했기 때문에 나타나게 된다는 것이다.

정답을 맞힌 문제당 주어지는 상금의 액수를 다양하게 설정해서 실험을 진행한 결과, 연구참여자들은 거짓말을 하기 쉬운 조건에서는 상금이 지나치게 커지지 않는 한 거짓말을 할 수 없는 조건에 비해 평균 2문제 정도를 더 풀었다고 보고했다. 하지만 맞힌 문제당 상금의 액수가 7,000원으로 크게 증가하면 연구참여자들은 오히려 거짓말을 하지 않는 것으로 나타났다. 도덕적 죄책감이 크게 증가하기 때문이다.

이러한 실험 결과는 도덕적 죄책감이 크게 자극받지 않는 한 사람들은 대체로 거짓말을 하는 경향이 있다는 점을 보여준다. 바로 이러한 이유로 사람들은 특별히 믿을 수 있는 사람을 더 좋아하는 것이다.

2

사회적 판단에서 일어나는
흔한 오류

나와 남을 올바르게 바라보기란 쉽지 않다

우리는 일상생활을 하면서 어떤 일이 생겼을 때 그 사건의 원인과 이유에 대해 알고 싶어 한다. 심리학에서는 사람들이 보이는 행동의 원인이나 이유에 대해 추론하는 과정을 '귀인(attribution)'이라고 부른다.[7]

사람들은 누군가의 행동에 대해 어떨 때는 상황 귀인을 하기도 하고, 다른 때는 성향 귀인을 하기도 한다. 예를 들면, 어떤 학생이 시험에서 좋은 성적을 거두었다고 가정해 보자. 만약 그 학생이 성실해서 좋은 성적을 거둔 것으로 해석하면 성향 귀인을 한 것이 된다. 한편, 시험 문제가 쉬워서 좋은 성적을 거둔 것으로 해석하면 상황 귀인을 하는 것이 된다.

그런데 사람들은 귀인 과정에서 심각한 오류를 범하는 경향이 있다. 한 실험에서 연구참여자들에게 3가지 역할 중 하나를 맡도록 했다. 첫 번째 역할은 퀴즈 진행자로서 문제를 만드는 것이다. 퀴즈 진행자는 사실상 자기만이 알 수 있는 독특한 문제를 만드는 임무를 수행했다. 예를 들어, 진행자 자신이 신고 있는 양말을 파는 가게의 이름을 묻는 것이다. 두 번째 역할은 퀴즈 진행자가 내는 문제를 푸는 도전자가 되는 것이다. 세 번째 역할은 퀴즈 진행자와 도전자의 모습을 지켜보는 관찰자가 되는 것이다. 관찰자는 퀴즈 게임을 지켜본 후 진행자와 도전자 중 누가 더 똑똑한지를 판단하도록 했다.

사실, 도전자가 진행자의 문제를 못 맞히더라도 그것이 도전자의 능력이 부족하다는 점을 반영한다고 보기는 어렵다. 만약 진행자와 도전자가 서로 역할을 바꾸더라도 결과는 마찬가지였을 것이기 때문이다. 그럼에도 관찰자는 진행자가 도전자보다 더 똑똑하다고 평가했으며 다음 게임에서 자신의 파트너로 도전자보다는 진행자를 더 많이 선택했다.

이처럼 사람들은 상황에 귀인을 하는 것이 적절한 경우에도 평가 대상의 성향에 귀인을 하는 경향이 있다. 이것을 '기본적 귀인 오류(fundamental attribution error)'라고 부른다. 이러한 오류가 나타나는 주요한 이유는 상황이 개인의 행동에 미치는 영향력은 관찰자의 눈에 잘 들어오지 않을 뿐만 아니라 매우 복잡한 경우가 대부분이기 때문이다. 대조적으로 도전자가 퀴즈를 제대로 풀지 못하는 모습과 진행자가 도전자가 풀지 못하는 어려운 문제를 내는 모습은 관찰자의 눈에 잘 들어올 뿐만 아니라, 손쉽게 설명할 수 있는 방법이 존재한다.

사람들이 사회생활을 하면서 흔히 범하는 또 다른 오류로 자신을 평가할 때와 타인을 평가할 때 서로 다른 기준을 적용하는 경향을 들 수 있다. 즉, 자신에 대해 판단할 때는 상황에 대해 귀인을 많이 하고, 타인에 대해 평가할 때는 성향에 대해 귀인을 더 많이 하는 것이다. 이것을

그림 37 행위자-관찰자 편향

'행위자-관찰자 편향(actor-observer bias)'이라고 한다.[8]

다른 사람이 약속 시간에 늦으면, 흔히 사람들은 상대방이 처했던 상황에 대해서 잘 모르는 상태에서 그 사람이 지각하게 된 것은 그 사람의 성향(예컨대, 게으른 성격) 때문이라고 해석한다. 대조적으로 자신이 약속에 늦은 경우에는 자신이 처했던 특별한 상황 때문에 어쩔 수 없이 지각하게 된 것으로 해석한다.

효과적인 자기소개의 기술

다른 사람들에게 좋은 인상을 주는 것은 중요한 면접 상황뿐만 아니라 일상생활에서도 중요한 과제다. 그렇다면 다른 사람들이 나에 대해 좋은 인상을 받게 하려면 자기소개를 어떻게 하는 것이 좋을까? 귀인 이론은 이러한 문제와 관련해서 유용한 시사점을 준다.

흔히 우리는 다른 사람들이 보이는 행동의 이유를 탐색할 때 일관성 (consistency), 합의성(consensus), 특이성(distinctiveness) 정보를 주로 고려한다.[9] 예를 들어, 철수가 독특한 인상을 주는 옷을 입었다고 가정해 보자. 이러한 상황에서 일관성 정보는 철수가 늘 그러한 형태의 옷을 입는 지 여부에 관한 것이다. 또 합의성 정보는 철수 외에도 일반적으로 다른 사람들도 그러한 형태의 옷을 입는지 여부에 관한 것이다. 그리고 특이성 정보는 철수가 다른 독특한 행동을 보이지는 않는데 보통 때와는 다르게 독특한 인상을 주는 옷을 입은 것인지에 관한 것이다. 다시 말해서, 특이성 정보는 철수의 행동이 얼마나 특별한지에 관한 것이다.

만약 철수가 독특한 옷을 자주 입고(고 일관성), 다른 사람들은 그런 형태의 옷을 거의 입지 않으며(저 합의성), 철수가 독특한 의상과 더불어 매우 독특한 헤어스타일을 하고 특별한 장식품을 함께 착용하는 경우(저 특이성), 사람들은 '행위자 귀인'을 하게 된다. 즉, 그러한 행동이 철수의 성향 때문에 나타나는 것이라고 추론하는 것이다.

만약 철수가 평상시에는 독특한 옷을 잘 입지 않고(저 일관성), 다른 사람들도 그런 형태의 독특한 옷을 입는 경우가 많으며(고 합의성), 철수가 그 독특한 의상을 입는 것 외에는 그다지 독특한 행동을 나타내지 않는 경우(고 특이성), 사람들은 '상황 귀인'을 하게 된다. 즉, 철수의 그러한 행동은 특별한 상황 때문에 하게 된 것이라고 추론하는 것이다.

만약 철수가 독특한 옷을 자주 입고(고 일관성), 다른 사람들도 그 독특한 옷을 자주 입으며(고 합의성), 철수가 그 독특한 의상을 입는 것 외에는 특별히 독특한 행동을 나타내지 않는 경우(고 특이성), 사람들은 '대상 귀인'을 하게 된다. 즉, 그 옷이 특별하기 때문에 철수가 그 옷을 입게 된 것이라고 추론하는 것이다.

귀인 정보			귀인 방향
일관성	합의성	특이성	
↑	↓	↓ ☆	행위자 귀인
↓ ☆	↑	↑	상황 귀인
↑	↑ ☆	↑	대상 귀인

그림 38 귀인 방향에 영향을 주는 3가지 정보

여기서 중요한 점은 사람들은 '인지적 구두쇠(cognitive miser)'라는 점이다. 다시 말해서, 사람들은 생각하는 것을 매우 싫어하는 경향이 있다는 의미이다. 사실, 사회생활을 하면서 누군가의 행동에 대해 이유를 추론할 때 일관성, 합의성, 특이성 정보가 모두 주어지더라도 그것만으로는 충분한 정보라고 하기 어렵다. 하지만 사람들은 세 정보 중 어느 하나만 주어지더라도 특정 방향의 귀인을 하는 경향이 있다. '저 특이성' 정보만 주어지면 행위자 귀인을 하고, '저 일관성' 정보만 주어지면 상황 귀인을 하며, '고 합의성' 정보만 주어지면 대상 귀인을 하는 것이다.

그렇다면 어떻게 자기소개를 하는 것이 다른 사람들에게 좋은 인상을 주는 데 효과적일까? 다른 사람(면접 위원)에게 주어진 정보 속에서 '나'는 행위자가 될 수도 있고 평가 대상이 될 수도 있다. 이런 점에서 제한된 시간 안에 다른 사람에게 좋은 인상을 줄 수 있는 방법은 저 특이성 정보를 통해 행위자 귀인이 일어날 수 있는 내용을 말하거나 고 합의성 정보를 통해 대상 귀인이 일어날 수 있는 내용을 말하는 것이다. 그중에서 조금 더 설득력 있는 것은 고 합의성 정보다. 왜냐하면 저 특이성 정보는 개인의 여러 행동에 관한 정보인 반면, 고 합의성 정보는 여러 사람이 특정 대상에 대해 동의한 내용이기 때문이다.

따라서 제한된 시간 동안 효과적으로 자기소개를 하는 방법 중 하나는 다음과 같은 형식으로 자기소개를 하는 것이다. "학교 친구들을 포함해서 나를 만나는 대부분의 사람들은 나를 좋아합니다." 중요한 점은 따뜻한 인상을 주는 동시에 신뢰감을 주는 내용이어야 한다는 것이다.

설득하는 두 가지 방법

설득은 상호작용 혹은 의사소통을 통해 상대방의 태도나 신념을 변화시키는 것을 말한다. 그런데 사회생활을 하면서 다른 사람들을 설득하는 것은 결코 쉽지 않다. 일반적으로 사람들은 인지적 구두쇠이기 때문에 다른 사람의 말을 신중하게 듣지도 않고 그것에 대해 깊게 생각해 보려 하지 않기 때문이다. 따라서 사람들에게 어떤 메시지를 전달하고자 한다면, 일차적으로 자신이 전달하고자 하는 메시지가 다른 사람에게 어떤 의미를 갖는지를 먼저 고려할 필요가 있다. 다시 말해서, 메시지를 전달할 때 청취자의 동기 수준을 고려할 필요가 있다는 것이다.[10]

청소년들은 흔히 진학과 또래 관계 등 자신과 관계된 문제에 대해서는 동기 수준이 높은 반면, 자신과 별로 관계가 없는 일들에는 동기 수준이 낮다. 입시설명회와 슈퍼마켓의 신장개업 행사에 참여하는 상황을 비교해 보자. 두 행사에 참여하는 사람들은 기본적으로 동기 면에서 큰 차이가 있다. 입시설명회 참여자는 행사 메시지에 커다란 관심을 갖고 경청하는 반면, 슈퍼마켓의 신장개업 행사 참여자는 행사 메시지에 대한 관심도가 상대적으로 낮다.

이러한 경우 입시설명회의 설득 메시지는 참여자에게 중심 경로★를 통해 전달되는 반면, 슈퍼마켓 신장개업 행사의 설득 메시지는 참여자에게 주변부 경로★를 통해 전달된다. 따라서, 입시설명회에서는 메시지의 질이 중요한 반면, 슈퍼마켓 신장개업 행사에서는 메시지와 관련된 단서(시선을 끄는 모델 등)가 주는 인상적 평가가 중요한 역할을 하게 된다. 흔히 이러한 정교화 가능성 모델★은 광고에 많이 활용된다.[11]

일반적인 식품이나 신발 광고에서는 유명한 연예인이 요란스럽게 등장하는 반면, 자동차나 고가의 가전제품 광고에서는 제품을 설명하는 데 초점을 맞춘다. 일반적으로 사람들은 애호가가 아니라면 식품이나 신발에 관해 상세한 정보를 얻는 데 관심이 많지 않다. 대조적으로 고가의

정교화 가능성 모델 (elaboration likelihood model)

페티와 카치오포(R. E. Petty & J. T. Cacioppo, 1986)가 제안한 설득의 이중 경로 모델. 사람들이 설득 메시지에 노출될 때 메시지 정보에 주의를 기울이는 과정에서 자신의 심리적 욕구와 관련지어 정보를 처리하게 된다는 이론.

중심 경로(central route)와 주변 경로(peripheral route)

정교화 가능성 모델에서 제안된 설득 메시지를 처리하는 두 가지 경로. 중심 경로는 메시지에 대한 관여도가 높거나 제시된 메시지의 질이 높을 때에 이용되는 반면에 주변 경로는 메시지에 대한 관여도가 낮은 상황에서 사용됨. 중심 경로는 메시지를 인지적으로 처리하고자 하는 동기가 높을 때에 활용되며, 결과적으로 발생한 태도 변화가 주변 경로로 메시지를 처리한 경우에 비해 더 안정적인 편임.

그림 39 설득 메시지와 정교화에 따른 태도 변화

제품에 대해서는 구입을 결정하기에 앞서 상세한 정보를 얻고자 한다.

물론, 이러한 설득 기법을 기계적인 방식으로 활용하는 것은 바람직하지 않다. 즉, 청취자의 동기 수준이 높은 상황에서는 무조건 중심 경로를 선택하고 청취자의 동기 수준이 낮은 상황에서는 무작정 주변부 경로를 선택하는 방식을 따르는 것이 능사는 아니다. 고정된 방식을 따르기보다는 설득 효과를 높일 수 있는 창의적이고 종합적인 방법을 찾는 것이 중요하다.

때로는 청취자의 동기 수준이 높은 상황에서도 논리적 설명 외에 주변부 경로를 함께 활용하는 것이 더 큰 효과를 나타내기도 한다. 한 병원에서 두 명의 종양내과 의사가 전이성 폐암 환자들을 대상으로 한 연구 결과를 미국 임상종양학회에 발표하기 위해 준비하고 있었다.[12] 그들은 같은 약물을 사실상 같은 용량만큼 같은 시간 간격으로, 같은 진단을 받은 환자들에게 투여했다.

하지만 두 의사가 담당했던 환자들의 반응률은 상당한 차이를 보였다. 한 의사가 맡은 환자들은 약물에 대해 22퍼센트의 치료 반응률을 보인 반면, 다른 의사가 맡았던 환자들은 74퍼센트의 치료 반응률을 보였다. 이것은 같은 전이성 폐암 환자들 사이에서는 좀처럼 나타나기 어려운 수준의 격차였다.

두 의사는 치료 과정에서 동일한 4가지 약물을 환자들에게 투여했는데, 둘 다 환자들에게 약물 이름의 첫 글자를 따서 만든 이름으로 투여했다. 그런데 한 명은 환자들에게 '에포(EPOH)'라는 이름으로 약을 전달했고, 다른 한 명은 '호프(HOPE)'라는 이름으로 소개했다. 이처럼 때로는 주변부 경로를 따르는 방식이 사람들에게 더 큰 변화를 이끌어내기도 한다.

3
생각보다 큰 상황과 타인의 힘

상황이 사고와 행동에 미치는 영향

우리는 뉴스를 통해 다양한 사건 및 사고 소식을 접하게 된다. 그런데 어떤 사람들은 그런 뉴스를 보면서 만약 자신이 그 현장에 있었다면 뉴스에 연루된 사람들과는 다르게 행동했을 거라고 생각한다. 하지만 심리학 연구 결과는 그렇지 않다는 점을 분명하게 보여준다. 상황이 사람들의 사고와 행동에 미치는 영향력은 일반적으로 사람들이 상상하는 것보다 훨씬 더 크다.[13]

한 실험에서 연구참여자들을 3가지 조건에 할당했다. 첫 번째 조건은 실험실에서 실험 협조자 두 사람과 문제를 푸는 것이다. 이 조건에서 실험 협조자들은 문제를 푸는 도중에 방으로 연기가 새어 들어와 방 안을 가득 채워도 동요하지 않고 차분하게 문제를 계속 푸는 모습을 보인다.

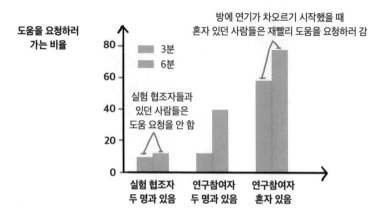

 내부 텍스트:
도움을 요청하러 가는 비율

방에 연기가 차오르기 시작했을 때
혼자 있던 사람들은 재빨리 도움을 요청하러 감

80
60
40
20
0

3분
6분

실험 협조자들과
있던 사람들은
도움 요청을 안 함

실험 협조자
두 명과 있음

연구참여자
두 명과 있음

연구참여자
혼자 있음

그림 40 타인의 존재가 도움 요청 행동에 미치는 효과

물론, 방 안으로 들어오는 연기는 화재로 인한 것이 아니라 연기용 소품이었다. 두 번째 조건은 다른 연구참여자 두 사람과 함께 문제를 푸는 것이다. 세 번째 조건은 혼자서 문제를 푸는 것이다.

실험 결과, 문제를 푸는 동안 방 안에 연기가 차오르기 시작했을 때 도움을 요청하기 위해 밖으로 나가는 사람들의 비율은 세 조건 사이에 차이가 있었다. 연구참여자 혼자서 문제를 푸는 경우에는 6분 이내에 거의 대부분이 도움을 요청하러 나갔다.

하지만 누군가가 함께 방 안에 있다는 이유만으로 6분 이내에 도움을 요청하러 나가는 비율은 절반 수준으로 줄어들었다. 특히 실험 협조자와 함께 문제를 푸는 조건에서는 거의 대부분의 사람들이 6분이 지나도 도움을 요청하러 나가지 않았다.

후속 연구에서 연구자들은 모의 범죄 상황 혹은 대중교통 이용 시 심장발작 환자가 발생하는 상황을 연출하는 등 다양한 문제 상황에서 유사한 실험을 반복했다. 실험 결과는 전체적으로 유사했다. 이처럼 단순히 곁에 누군가가 있다는 이유만으로 문제 상황에서 합리적이고 적극적인 대처 행동을 할 가능성이 줄어드는 것을 '방관자 개입 효과(bystander intervention effect)'라고 한다. 이러한 효과의 전형적인 예로 도움을 필요로 하는 사람이 있을 때 그 주변에 사람이 많으면 많을수록 그들이 어려움에 처한 사람을 돕기 위해 나설 가능성이 줄어드는 것을 들 수 있다.

방관자 개입 효과가 나타나는 이유로는 다음의 3가지를 들 수 있다. 첫째, 주변에 사람들이 많을수록 자기 말고도 누군가 나서는 사람이 있을 거라는 기대감이 커지기 때문이다. 둘째, 사람들은 모호한 사회적 상황에서 실수하는 것을 두려워하기 때문이다. 셋째, 사람들은 다른 사람들과 함께 있을 때 익명성을 유지하고 싶어 하기 때문이다.

그렇다면 상황의 힘 때문에 합리적이고 적극적인 대처를 하지 못하게 되는 문제를 어떻게 극복할 수 있을까? 한 가지 방법은 개인의 힘이 상황의 힘에 가려지는 일을 최소화하는 것이다.

예를 들어, 다른 사람들과 함께 있는 상황에서 위기 혹은 문제 상황이 발생하는 경우 무심결에 다른 사람의 행동을 따라서 하기보다는, 만약 똑같은 상황에서 혼자 있었더라면 어떻게 행동했을지를 한 번 더 생각해 보는 것이다. 그리고 만약 여러 사람이 있는 상황에서 도움을 요청할 필요가 있을 때는 함께 있는 사람들 중 누구에게 도움을 요청하는 것인지 명확하게 지목해서 부탁을 하는 것이 효과적이다.

보이지 않는 사회적 요구나 압력

앞서 사회적 상황에서 누군가가 나와 함께 있다는 것만으로도 나의 행동이 커다란 영향을 받게 된다는 것을 살펴보았다. 그렇다면 함께 있는 누군가가 내가 어떻게 행동해야 할지를 직·간접적으로 암시하는 경우 우리는 어떻게 행동하게 될까?

개인이 경험하지만 눈에 잘 띄지 않는 사회적인 요구 혹은 압력과 관계된 현상으로 동조(conformity)와 응종(compliance)이 있다.[14] 동조는 다른 사람들이 그렇게 행동한다는 이유만으로 개인이 타인의 행동을 따라 하게 되는 것을 말한다. 동조는 누가 특별히 요구하거나 부탁하는 것이 아닌데도 다른 사람과 보조를 맞추려는 행동을 하게 되는 것이다. 응종은 다른 사람이 어떤 요청을 했을 때 꼭 들어주어야 할 의무는 없지만 상대방의 요구를 들어주게 되는 것을 말한다.

동조 실험의 대표적인 예로는 사회심리학의 개척자인 폴란드계 미국 심리학자 솔로몬 애시(Solomon Asch, 1907~1996)의 연구를 들 수 있다.[15] 그 실험에서는 그림 41처럼 연구참여자들에게 길이가 명백하게 서로 다른 3개의 선 A, B, C를 보여주고 그중 가장 길이가 긴 선 B와 길이가 같은 선 D를 보여준다.

그 후 연구참여자들에게 선 D가 선 A, B, C 중 어느 것과 길이가 같은지를 질문한다. 이때 연구참여자에게 질문하기 전에 표면적으로는 연구참여자인 것처럼 행동하지만 실제로는 실험 협조자들인 6명이 연속해서 A가 답이라고 응답한다. 그러고 나면, 마지막으로 답하게 되는 유일한 실제 연구참여자는 고민 끝에 다른 사람들과 마찬가지로 A라고 대답한다.

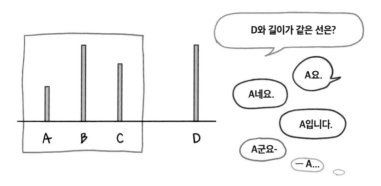

그림 41 솔로몬 애시의 동조 실험

이런 방식으로 여러 차례 실험을 한 결과, 75퍼센트의 연구참여자들이 동조를 나타냈다. 이들은 적어도 한 번 이상은 명백하게 쉬운 문제에 대해서 남들을 따라 잘못된 답을 말했다. 이처럼 사회생활을 할 때 우리에게 주어지는 만장일치에 대한 압력은 매우 크다고 할 수 있다.

한편, 전형적인 응종의 예로는 '문간에 발 들여놓기(foot in the door)' '면전에서 문 닫기(door in the face)' '낮은 가격 부르기(lowballing)'를 들 수 있다. 문간에 발 들여놓기는 처음에 상대방이 쉽게 부탁을 들어줄 수 있는 것을 먼저 수락하게 한 후 이어서 조금 더 어려운 부탁을 하는 것을 말한다. 처음에 친구에게 어려운 문제를 하나 같이 풀어달라고 도움을 요청한 다음 친구가 그 요청을 들어주면 이어서 내친김에 다른 문제들도 같이 풀어달라고 부탁하는 것이다.

면전에서 문 닫기는 처음에 상대방이 들어주기 어려운 부탁을 해서 거절하도록 한 후 그다음에는 한결 들어주기 쉬운 요청을 하는 전략이다. 여기서 '한결 들어주기 쉬운 요청'이 바로 애초에 상대방으로부터 획득하기를 기대했던 것이다. 청소년이 부모에게 처음에는 고가의 옷을 사달라고 말했다가 부모가 가격이 부담스러워서 난처한 표정을 지으면 그다음에 그보다 훨씬 저렴한 옷을 사달라고 말해서 애초에 원하던 것을 얻을 확률을 높이는 전략이 바로 여기에 해당된다.

낮은 가격 부르기는 일단 상대방의 요구를 들어주기로 하면 사전에 언급된 적 없는 부가 항목들이 나중에 추가되어도 상대적으로 저항을 적게 나타내게 되는 것을 말한다. 청소년이 부모에게 옷을 사달라고 말하면서 세금과 배송비를 뺀 가격을 말해서 일단 허락을 받은 다음 나중에 주문할 때 슬그머니 세금과 부대 비용이 포함된 주문서를 내미는 것이 여기 해당된다.

부당한 지시나 명령이 주어질 때

동조와 응종은 상대방이 우리에게 명확하게 어떻게 행동하라고 요구하지 않는데도 그러한 요구에 우리가 따르게 되는 것을 말한다. 대조적으로, 복종(obedience)은 권력 혹은 권위를 갖고 있는 인물이 우리에게 명확하게 요구하는 내용을 우리가 따르게 되는 것을 말한다.

복종에 관한 대표적 실험으로는 미국의 사회심리학자 스탠리 밀그램(Stanley Milgram, 1933~1984)의 연구를 들 수 있다.[16] 밀그램은 학습에 관한 실험을 한다는 명분으로 연구참여자들을 모집했다. 실험실은 두 개의 방으로 구성되어 있었는데, 한쪽 방에는 학생 역할을 연기하는 실험 협조자를 배치했다. 또 다른 방에는 교사 역할을 맡을 연구참여자와 실험자가 들어가도록 했다. 실험자는 연구참여자에게 옆방에 있는 학생에게 인터폰으로 단어를 불러주었을 때 그 학생이 해당 단어를 제대로 말하지 못하면 15~450볼트 범위에서 학생에게 전기충격을 주라고 요구했다.

이 실험에서 연구참여자는 학생 역할을 맡은 실험 협조자의 얼굴은 볼 수 없었고 단지 전기충격이 주어졌을 때 고통스러워하는 소리만 들을 수 있었다. 15볼트에서 시작된 전기충격이 150볼트 수준에 도달하자 학생 역할을 맡은 실험 협조자는 고통스러워하며 제발 내보내달라고 소리를 지르기 시작했다. 그리고 실험자는 교사 역할을 맡은 연구참여자에게 모든 책임은 자신에게 있으니 자신이 시키는 대로 하라고 말했다.

처음에 밀그램은 연구참여자들이 일정 수준 이상으로는 전기충격을 주지 않을 거라고 예상했으나 40명의 참가자 모두 300볼트까지 복종하는 모습을 보였다. 특히 그중 26명은 괴로워하면서도, 그리고 계기판에 위험 표시가 붙어 있었음에도 불구하고 가장 높은 수준인 450볼트까지

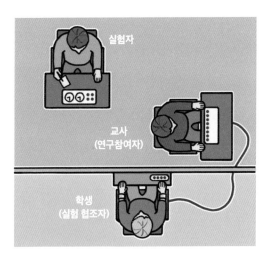

그림 42 스탠리 밀그램의 복종 실험

전기충격을 주었다.

그렇다면 밀그램의 실험에 참여한 사람들이 복종 행동을 나타낸 이유는 무엇일까? 적어도 교사 역할을 맡은 연구참여자들이 가학적 성격의 소유자라서 그랬던 것은 아닐 것이다. 그들은 심리학 실험에 자원한 평범한 사람들이었다. 아마도 가장 중요한 이유 중 하나는 책임 소재가 연구참여자 자신에게 없었다는 점일 것이다. 앞서 언급한 것처럼, 밀그램의 실험에서는 실험자가 연구참여자에게 모든 책임은 자신이 지겠다는 메시지를 강하게 전달했다. 밀그램의 실험은 부당한 명령을 하는 사람이 권위 있는 인물이거나 권력을 갖고 있는 경우, 사람들은 대체로 자신의 소신이나 사회적 규범에 어긋나더라도 그들의 명령에 복종할 가능성이 있다는 점을 보여준다.

2차 세계대전 때의 홀로코스트(holocaust), 즉 나치의 유대인 대학살이 보여주는 것처럼, 맹목적인 복종은 파국적 결과를 불러올 수 있다. 다행히도 누군가가 부당한 지시나 명령에 복종하지 않는 것을 목격하는 일만으로도 맹목적 복종은 줄어든다. 또 부당한 지시와 명령을 하는 대상의 권위와 합법성, 그리고 동기에 의문을 제기하는 경우에도 복종은 줄어들 수 있다.

4

누구나
비합리적인 존재가 될 수 있다

현실보다 그럴듯한 거짓을 더 좋아하는 사람들

1954년 겨울, 미국에 살던 주부 매리언 키치(Marian Keech: 필명)는 클라리온(Clarion)이라는 외계 행성에서 온 우월한 존재들인 가디언즈(Guardians)로부터 특별한 메시지를 받았다고 주장했다.[17] 그 메시지는 12월 21일에 전 세계적으로 대홍수의 재앙이 닥칠 텐데, 진정한 믿음을 가진 사람들만 홍수 전날 자정에 비행접시로 구출될 거라는 내용이었다.

이 소식이 알려지자 종말을 준비하는 모임이 결성되었고, 그 소문을 들은 많은 사람들이 직장과 가족을 버리고 모임에 가담했다. 이때 레온 페스팅거(Leon Festinger, 1919~1989)라는 젊은 심리학자도 연구를 위해 이 모임에 참여했다.

예고된 구원의 날 직전 자정에 광신도들이 모여 비행접시를 기다렸다.

하지만 예정된 시간이 지나도 아무런 일도 일어나지 않았다. 그러자 매리언 키치는 중대 발표를 했다. 진정한 믿음을 가진 사람들의 노력에 대한 보답으로 결국 전 세계가 구원을 받게 되었다는 것이다. 놀랍게도 그 모임에 참여했던 사람들은 그 말에 기뻐하며 축제를 벌였다.

왜 그 모임에 참여했던 사람들은 상식적인 관점에서는 종말론이 명백한 거짓으로 판명된 후에도 계속해서 종말론을 믿었던 것일까? 모임에 참여했던 사람들이 이처럼 어리석은 생각을 하게 된 것은 인간의 사고에서는 '바꿀 수 없는 것'이 '바꿀 수 있는 것'보다 우위를 차지하는 경향성을 반영한다고 할 수 있다. 직장과 가족을 버리고 모임에 참여한 사람들은 이미 많은 희생을 치러야 했다. 이것은 바꿀 수 없는 현실이었다. 대조적으로 매리언 키치의 종말론을 믿거나 불신하는 것은 바꿀 수 있는 생각의 영역에 해당된다.

나중에 레온 페스팅거는 이때의 경험을 바탕으로 인지부조화 이론(cognitive dissonance theory)을 제안했다. 이 이론에 따르면, 사람들은 눈에 보이지 않는 태도와 눈에 보이는 행동이 일치하지 않는 상태, 즉 부조화 상태에서는 심리적 불편함을 경험하게 된다. 이런 경우 흔히 사람들은 태도를 그럴듯하게 바꿈으로써 자신이 이미 한 행동을 합리화한다.[18]

한 실험에서 연구참여자들에게 손잡이를 한쪽 방향으로 계속해서 돌리는 것과 같은 지루한 과제를 한 시간 동안 수행하도록 했다. 그 후 실험자는 과제를 마친 연구참여자들에게 다음 차례의 연구참여자에게 이 실험이 재미있었다고 말해 달라고 부탁했다. 그 보상으로 한 집단은 1달러를 받고 다른 집단은 20달러를 받았다. 그리고 또 다른 집단에게는 거짓말을 해달라는 요청을 하지 않았다. 그리고 시간이 한참 지난 후 다른 실험에 참여하기 위해 연구참여자들이 재방문했을 때 이전에 참여했던

그림 43 부조화 상태에서 심리적 불편함을 경험할 때

실험의 과제가 얼마나 재미있었는지 질문했다.

그림 43이 보여주는 것처럼, 거짓말을 하지 않았던 집단은 이전의 과제가 재미없었다고 부정적으로 평가했다. 보상으로 20달러를 받았던 집단은 거짓말을 하지 않았던 집단에 비해 상대적으로 덜 부정적으로 평가했다. 하지만 보상으로 1달러를 받았던 집단은 이전의 과제가 비교적 재미있었다고 대답했다.

거짓말을 안 한 집단의 경우에는 지루했던 과제에 대한 태도를 바꿀 이유가 없었다. 그리고 거짓말에 대한 보상으로 20달러를 받았던 집단은 실험 진행을 위해 거짓말을 한 것이 보상을 통해 어느 정도는 정당화되기 때문에 과제에 대해 상대적으로 덜 부정적으로 평가했다. 하지만 보상으로 1달러를 받은 집단은 거짓말을 정당화하기에는 1달러가 적은 금액인 동시에 이미 다른 사람에게 거짓말을 했던 일을 바꿀 수는 없었기 때문에 바꿀 수 있는 것에 해당되는 과제에 대한 태도를 바꾼 것이다.

여기서 중요한 점은 우리가 부조화에 대한 압력에 의해 지루한 과제를 재미있는 것으로 믿는다고 해서 실제로 그 지루한 과제가 재미있는 작업이 되는 것은 아니라는 사실이다. 그리고 종말론 모임에 참여하기 위해 이미 자신이 많은 희생을 치른 것 때문에 종말론이 거짓으로 판명된 후에도 계속 종말론을 맹신한다고 해서 종말론이 사실로 바뀌는 것은 아니라는 점이다.

은밀하게 작동되는 사회적 편향

자기 자신이 어떤 대상에 대해 사회적으로 편향된 태도를 갖고 있다고 인정하는 사람은 별로 없다. 하지만 우리 마음속에서 사회적인 편향은 매우 은밀하게 작용한다. 따라서 사회적 편향은 자기보고식 검사만으로는 적절히 평가하기 어렵다. 이러한 문제를 효과적으로 해결하기 위해 심리학자들이 활용하는 방법은 바로 암묵적 연합 검사*다.[19]

> **암묵적 연합 검사(implicit association test, IAT)**
> ··
> 사람들이 특정 대상에 대해 갖고 있는 비언어적 태도를 평가하기 위한 심리학적 방법. 사람들이 특정 대상에 대해 갖고 있는 이미지들을 반복해서 평가하도록 했을 때의 반응 속도 차이 정보를 활용해 사회적 편향 정도를 측정함. 예컨대, '흑인'에 대한 이미지가 '좋음'과 '나쁨' 중 어느 것과 더 밀접하게 연결되어 있는지를 파악할 수 있음.

사람들의 백인과 흑인에 대한 사회적 편향을 평가하고자 할 때 주로 사용되는 IAT 절차는 다음과 같다. 먼저, 컴퓨터 화면의 중심부에 '행복'과 같은 단어를 제시하면서 동시에 화면 상단 좌측에는 '좋음'이라는 단어를, 그리고 우측에는 '나쁨'이라는 단어를 제시한다. 중심부에 제시되는 단어가 긍정적 의미를 지닌 단어라면 컴퓨터 자판에서 'I'자를 누르고, 반대로 부정적 의미를 지닌 단어라면 'E'자

그림 44 사회적 편향을 측정하는 암묵적 연합 검사 자극 예시

를 누르도록 한다.

다음으로, 화면의 중심부에 '백인 얼굴'을 제시하면서 동시에 화면 상단 좌측에는 '백인'이라는 단어를 그리고 우측에는 '흑인'이라는 단어를 제시한다. 중심부에 제시되는 얼굴이 백인으로 보이면 컴퓨터 자판에서 'I'자를 누르고 반대로 흑인으로 보이면 'E'자를 누르도록 한다.

가장 중요한 단계는 지금부터다. 그림 44처럼, 화면의 중심부에 흑인 또는 백인의 얼굴을 보여주고서 화면 상단 좌측에는 '흑인 또는 좋음'이라는 단어를, 그리고 우측에는 '백인 또는 나쁨'이라는 단어를 제시한다. 만약 중심부에 제시되는 얼굴이 흑인으로 보이면 컴퓨터 자판에서 'I'자를 누르고, 반대로 백인으로 보이면 'E'자를 누르도록 한다.

또 다른 시행에서는 화면의 중심부에 흑인 또는 백인의 얼굴을 보여주고 화면 상단 좌측에는 '백인 또는 좋음'이라는 단어를, 우측에는 '흑인 또는 나쁨'이라는 단어를 제시한다. 만약 중심부에 제시되는 얼굴이 백인으로 보이면 컴퓨터 자판에서 'I'자를 누르고 반대로 흑인으로 보이면 'E'자를 누르도록 한다.

모든 시행을 마치고 나면, 백인이 중심부에 제시되었을 때 '백인 또는 좋음'에 해당되는 컴퓨터 자판의 버튼을 누르는 속도와 '백인 또는 나쁨'이라는 버튼을 누르는 속도를 계산한다. 또 흑인이 중심부에 제시되었을 때 '흑인 또는 좋음'에 해당되는 컴퓨터 자판의 버튼을 누르는 속도와 '흑인 또는 나쁨'이라는 버튼을 누르는 속도를 계산한다. 이 4가지 값들을 비교해 보면, 연구참여자가 백인과 좋음, 그리고 흑인과 나쁨을 상대적으로 얼마나 빨리 연결 짓는지에 대한 정보를 얻게 된다. 이것이 바로 연구참여자가 백인 또는 흑인에 대해 가지고 있는 숨겨진 사회적 편향을 보여주는 지표가 된다.

IAT 결과에서 백인 선호를 나타내는 사람은 그렇지 않은 사람에 비해 실제로 흑인에 대해 인종적으로 편향된 태도를 나타낼 가능성이 높다. 여기서 중요한 것은 이러한 사람들이 자기보고식 검사상에서는 다른 사람에 비해 인종적 편견을 두드러지게 드러내지 않는다는 점이다. 이처럼 때때로 사회적으로 편향된 태도는 매우 은밀하게 작동한다.

평범한 사람도 나쁜 시스템하에 놓이면

멀쩡한 사과도 일단 '썩은 상자'에 담기면 빠른 속도로 '썩은 사과'로 변한다. 마찬가지로 평범한 사람도 '썩은 상자'로 표현될 수 있는 사회적 환경에 처하면 '썩은 사과'처럼 변할 수 있다. 미국의 심리학자이자 스탠퍼드 대학교 명예교수인 필립 짐바르도(Philip G. Zimbardo, 1933~)의 스

184

탠퍼드 감옥 실험(Stanford Prison Experiment; 이하 SPE)은 이러한 점을 잘 보여준다. 그는 평범한 사람이 나쁜 상황과 나쁜 시스템하에서 악행에 물들어가는 것을 '루시퍼 이펙트(Lucifer effect)'라고 불렀다.[20]

1971년 필립 짐바르도는 SPE, 즉 '교도소 생활이 인간의 심리에 미치는 영향에 관한 연구'를 위해 신문 광고를 내서 연구참여자들을 모았다. 모집된 사람들 중 정신과 병력이 있거나 범죄 등으로 체포된 적이 있는 사람들은 제외되었다. 최종적으로 SPE 참여자는 24명이었다. 엄격한 선발과정을 통해 참가자들 간 차이를 최소화했기 때문에 SPE 참여자들은 기본적으로 경제적 수준, 지능, 성격 특징, 그리고 신체적 건강 수준이 비슷했다. 그 후 SPE 참여자들을 무작위로 교도관과 수감자 두 집단으로 나누었다.

실험이 진행된 지 일주일도 지나지 않아 수감자들은 학습된 무기력, 의존성, 우울증 등 다양한 문제를 보이기 시작했다. 특히 수감자 중 절반이 심각한 정서적 문제를 나타내 결국 실험을 중단시켜야 했다. 한편, 교도관들은 실험 첫날부터 수감자들을 필요 이상으로 공격적으로 대했으며 심지어는 성적 학대를 하기도 했다. 그래서 실험이 시작된 바로 다음날 수감자들이 반란을 일으킬 정도였다. 결국, SPE는 불과 6일 만에 중단되었다.

SPE 참여자들은 실험에 참여하기 전까지는 그 누구도 '썩은 사과'가 아닌 평범한 사람들이었다. 하지만 SPE는 나쁜 상황과 나쁜 시스템이 평범한 사람들도 얼마든지 병리적으로 행동하게 만들 수 있다는 것을 보여주었다. SPE는 학교 폭력 문제를 비롯하여 한국에서 청소년들이 경험하는 무기력감과 우울감의 일부가 청소년들이 직면한 나쁜 상황과 나쁜 시스템에서 비롯된 것일 가능성이 있음을 시사한다. 현재 한국에서 청소년들이 경험하고 있는 나쁜 상황과 나쁜 시스템은 합리적인 사회적 대책을 통해 개선해 나갈 필요가 있다. 하지만 그 과정에서 간과해서는 안 되는 문제가 있다. 바로 개인의 심리사회적 성숙 문제다.

표면적으로 SPE는 6일 만에 중단되었지만, 어떤 의미에서 SPE의 진가는 30여 년이 지나서 비로소 제 모습을 드러냈다고 할 수 있다. 훗날 필립 짐바르도는 SPE 후 30여 년이 지나 당시 교도관 중 가장 악명 높았던 연구참여자를 다시 만나 인터뷰를 진행했다. 그 참여자는 죄수에게 성적 학대를 한 적이 있었고 별명도 지옥을 뜻하는 헬(hell)과 사람을 의미하는 맨(man)을 합친 '헬맨(hell man)'이었다.

놀랍게도 헬맨은 우리 마음속 '악'이 심리적 성숙 과정을 통해 '선'으로 바뀔 수 있다는 것을 보여주었다. 그는 인터뷰에서 과거 SPE 때의 경험이 오늘날 자기 삶에서 일종의 경고와도 같은 역할을 하고 있다고 고백했다. 그에 따르면, 한때 타인의 고통에 무심했던 10대의 소년은 30년 사이에 많이 부드러워졌다. SPE의 교훈 덕분에 그는 사람들을 대할 때마다 자신이 어떻게 해야 할지에 대해 매우 주의 깊게 고민하게 된다고 소개했다.

SPE의 헬맨이 보여주었던 것처럼, 우리들 마음속 악은 평범한 사람들에게서도 보편적으로 나타날 수 있는 현상이다. 하지만 더 중요한 것은 그러한 악함이 심리적 성숙을 통해 얼마든지 선함으로 전환될 수 있다는 사실이다.

5

우리들 마음속 선행 프로그램

사회적인, 너무나도 사회적인 뇌

우리들의 뇌에는 오랜 진화의 과정에서 축적된 사회적 프로그램이 자리 잡고 있다. 사람들이 논리적 사고로는 풀기 어려워하는 문제도 사회적 논리를 적용할 수 있는 형태로 제시될 경우 그 문제를 훨씬 더 쉽게 해결한다.[21] 다음 페이지에 나오는 그림 45의 문제를 풀어보기 바란다.

A세트에 4장의 카드가 있다. 카드 A세트에서 2장의 카드만을 뒤집어서 다음의 가설이 참인지 여부를 확인하려면 어느 카드를 뒤집어서 확인해야 할까?

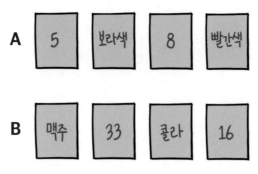

그림 45 카드 문제로 살펴보는 사회적 뇌

• 가설: 카드의 한쪽 면에 짝수가 적혀있으면, 그 뒷면에는 삼원색(빨강, 파랑, 노랑) 중 하나가 들어 있다.

만약 문제를 풀기가 어렵게 느껴지더라도 실망할 필요는 없다. 왜냐하면 대부분의 사람들은 이 문제를 푸는 것을 무척 어려워하기 때문이다. 정답을 알아맞히는 사람들의 비율은 보통 25퍼센트 수준에 불과하다. 논리적 사고 훈련을 받은 경우에도 결과가 크게 달라지지 않는다. 이러한 점은 우리의 뇌가 논리적 문제를 해결하는 데 최적화되어 있지 않다는 점을 보여준다. 다시 말해서, 우리는 이런 문제의 정답을 모르더라도 사회생활을 하는 데 큰 문제가 생기지 않는다는 의미이다.

정답은 숫자 '8'과 '보라색'이 적혀있는 카드다. 만약 숫자 5가 적혀있는 카드를 뒤집어봤을 때 노란색이 나타나더라도 가설의 타당성을 확인하기는 어렵다. 홀수 카드의 뒷면에 어떤 내용이 있는지는 가설 검증의 대상이 아니기 때문이다. 마찬가지로 빨간색을 뒤집었을 때 홀수가 적혀있어도 가설을 검증하는 데는 도움이 되지 않는다.

흥미롭게도 동일한 구조의 문제에서 사회적 맥락과 결합된 가설을 제시하면 사람들은 손쉽게 정답을 알아맞힌다. 카드의 앞면에는 나이가 적혀있고 뒷면에는 사람들이 마시는 음료수 이름이 적혀있다는 조건하에 카드 B세트를 대상으로 다음의 가설을 검증해 보기 바란다.

• 가설: 18세 이하는 술을 마실 수 없다.

이 가설이 참인지 여부를 확인하려면 B세트에서 어떤 카드 2장을 뒤집어봐야 할까? 정답은 '맥주'와 '16'이 적혀있는 카드다.

두 문제의 논리적 유형은 사실상 동일하다. 하지만 일반 사람들이 정답을 맞히는 비율에서는 그 둘 사이에 커다란 차이를 보인다. 그렇다면 왜 이런 차이가 나타나는 것일까? 그것은 우리의 뇌가 사회적 성격의 문제를 해결하는 데 특화되어 있기 때문이라고 할 수 있다. 오랜 진화의 역사 속에서 우리는 사회적 관계를 맺으며 살아가는 동안 다양한 사회적 프로그램을 뇌 속에 간직하게 된 것으로 보인다.

소셜 네트워크는 사회적 뉴런

때때로 좋은 것들은 다른 사람들과 나눌 때 그 효과가 더 증폭되기도 한다. 행복, 건강, 사랑, 친절 등이 대표적이다. 이때 소셜 네트워크(social network)는 중요한 역할을 한다. 좋은 것들이 현실에서 효과적으로 작동할 수 있도록 해주는 매개체 역할을 하기 때문이다. 우리의 마음과 행동이 작동할 수 있도록 해주는 뉴런(neuron), 즉 신경세포처럼, 소셜 네트워크는 일종의 '사회적 뉴런' 역할을 한다.

『행복은 전염된다』라는 저서로 국내에도 잘 알려진 그리스계 미국 심리학자이자 의사 니컬러스 크리스타키스(Nicholas A. Christakis)와 미국의 사회과학자 제임스 파울러(James Fowler)에 따르면, 소셜 네트워크에는 크게 3가지 중요한 규칙이 존재한다.[22]

첫째, 자신의 소셜 네트워크는 자신이 만들어내는 것이라는 점이다. 우리는 자신이 얼마나 많은 사람들과 관계를 맺을 것인지를 스스로 결정한다.

둘째, 자신이 만들어낸 소셜 네트워크는 자신에게 중요한 영향을 미친다는 점이다. 예를 들어, 소셜 네트워크상에서 많은 사람들과 관계를 맺고 있는 경우에는 사회적으로 중요한 정보를 빠르게 입수하는 데 도움이 될 것이다. 반면에, 전염병이 퍼지는 상황에서는 오히려 불리할 수도 있다.

마지막으로, 소셜 네트워크는 그 자체로 생명력을 갖고 있다는 점이다. 소셜 네트워크는 그것을 구성하는 개인들의 단순한 총합 이상의 특징을 갖는다. 예를 들어, 축구장에서 파도타기 응원을 하는 경우 그러한 응원에 참여하는 개인들의 생각과 무관하게 독특한 규칙성을 나타낸다. 대개 파도타기 응원을 할 때 사람들은 시계 방향으로 회전하며 초당 20명 수준의 규모로 움직인다.

특히 중요한 점은 소셜 네트워크에서는 친구뿐만 아니라 친구의 친구까지도 나에게 영향을 준다는 점이다. 그림 46은 자신의 '친구' '친구의 친구' '친구의 친구의 친구' 등이 행복한 경우 자신이 행복해질 확률이 증가하는 패턴을 보여준다.[23] 소셜 네트워크에서 거리가 3단계, 즉 '친구의 친구의 친구'까지는 다른 사람의 행복이 나의 행복에도 중요한 영향을 미칠 수 있다.

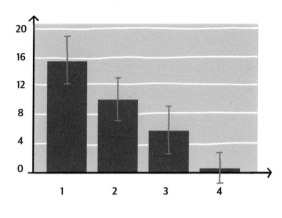

사회적 네트워크가
행복도를 높여줄 확률

사회적 거리를 나타내주는 관계

그림 46 사회적 네트워크가 행복도를 높여줄 확률과
사회적 거리를 나타내주는 관계 간의 상관

　그림 46에서 I 표시는 오차의 범위를 나타낸다. 오차의 범위가 0을 포함하고 있지 않아야 효과가 유의미한 수준에 해당된다고 해석할 수 있다. 소셜 네트워크에서의 거리가 4단계, 즉 '친구의 친구의 친구의 친구'까지로 확대되면, 사실상 그러한 사람의 행복이 내게는 중요한 영향을 미치지 못하는 것으로 나타났다.

　소셜 네트워크의 영향력에서는 소셜 네트워크의 단계뿐만 아니라 실제 물리적인 거리도 중요한 것으로 나타났다. 행복한 친구가 자신의 주거지를 기준으로 약 1.6킬로미터 이내에 살고 있는 경우, 나의 행복을 높여줄 확률은 25퍼센트나 증가했다. 하지만 그보다 멀리 떨어져 사는 경우에는 친구의 행복이 나에게 실질적인 도움을 주지 못하는 것으로 나타났다. 이런 점은 형제자매의 경우도 마찬가지였다. 가까운 곳에서 생활하는 경우 형제자매의 행복이 나의 행복을 높여줄 확률은 14퍼센트 증가하지만, 멀리 떨어져 살면 이런 효과가 사라졌다.

반대로, 가까운 이웃사촌의 행복이 나의 행복을 높여줄 확률은 무려 34퍼센트나 되었다. 이러한 결과들은 소셜 네트워크가 진가를 발휘하기 위해서는 단순히 알고 지내는 것보다는 직접 얼굴을 맞대고 상호작용을 하는 과정이 더 중요하다는 점을 보여준다. 물론, 특수한 상황(예를 들어 코로나-19 팬데믹 사태)으로 인해서 직접적 상호작용이 어려운 경우에는 전화나 SNS처럼 대체 수단을 활용하여 상호작용을 한다면 그런 상호작용을 하지 않는 것보다 도움이 될 수 있을 것이다.

사회적 갈등을 해결하기 위해 필요한 지혜

때때로 사회생활을 하면서 난제들에 직면할 때가 있다. 그러한 문제들은 개인 간 갈등뿐만 아니라 집단 간 갈등과 국가 간 갈등 등 다양한 형태로 존재한다. 이러한 사회적 갈등의 문제를 해결하려면 단순히 지적 능력이 뛰어난 것만으로는 충분하지 않다. 바로 심리학적 지혜가 필요하다. 이런 심리학적 지혜의 예를 들면 다음과 같다.

전통적으로 이스라엘과 팔레스타인의 갈등은 해결하기 어려운 갈등의 대표적 사례로 손꼽힌다. 귀인 편향에 대한 연구로 잘 알려진 캐나다 출신의 미국 사회심리학자 리 로스(Lee Ross, 1942~2021)와 동료들은 이러한 이슈와 관련하여 매우 흥미로운 도전을 시도한 적이 있다.[24] 그들은 이스라엘의 유대인 대학생을 대상으로 건설사업의 예산을 배분하는 것과 관련된 협상 실험을 진행했다. 실험에서 협상 조건은 경우에 따라서는 이스라엘 주민이 이익을 더 많이 보거나 반대로 팔레스타인 주민이 더 큰 이익을 볼 수 있도록 설계되었다.

이때 이스라엘 학생들의 협상 대상은 표면적으로는 아랍인이었으나 실제로는 실험 진행자였다. 실험에서 협상은 먼저 아랍인 대표가 최초의 제안을 하고 이스라엘 학생이 반대 제안을 한 다음 최종적으로 협상을 마감할 무렵에 아랍인 대표가 최종 제안을 하는 방식으로 진행되었다. 이스라엘 학생들은 그 최종 제안을 받아들일지 거절할지를 결정해야 했다.

이 실험에서는 이스라엘 학생들을 두 집단으로 구분했다. 하나는 중립적 기대 조건이었고, 나머지는 긍정적 기대 조건이었다. 중립적 기대 조건에서 실험자는 이스라엘 학생들에게 "쉽지는 않지만, 합의에 도달하기 위해 최선을 다했으면 좋겠다"라고 말했다. 대조적으로, 긍정적 기대 조건에서는 전체적으로는 유사한 내용을 말했지만 "과거에 우리 연구에 참여한 사람들은 모두 합의에 도달할 수 있었다"라는 정보를 추가로 제공했다.

그림 47이 보여주는 것처럼, 이 단순한 실험 장치의 효과는 놀라운 것이었다. 협상 결과에 대해 긍정적 기대를 하는지 여부에 따라, 아랍인 대표의 최종 제안을 수락하는 이스라엘 학생의 비율이 2배 이상 차이가 난 것이다. 과거에 모든 협상팀이 성공적으로 합의할 수 있었다는 말을 들은 것 외에는 두 집단 간 실험 진행 과정에서 그 어떤 절차상의 차이도 없었다.

	긍정적 기대 조건	중립 조건	합계
제안 수락	31명 (82%)	7명 (18%)	38명 (100%)
제안 거절	13명 (34%)	25명 (66%)	38명 (100%)

그림 47 협상의 성공에 대한 기대가 협상 결과에 미치는 효과

물론 실험 결과가 보여주듯이, 단순히 협상 결과에 대해 긍정적 기대를 한다고 해서 모든 협상이 성공적으로 합의에 도달할 수 있는 것은 아니다. 하지만 단순히 협상 당사자들이 결과에 대해 긍정적 기대를 하도록 지혜롭게 중재하는 것만으로도 협상의 결과는 크게 달라질 수 있다. 팔레스타인과 이스라엘 간 분쟁 이슈까지도 말이다.

특히 이 실험에서 중요한 것은 이스라엘 학생들이 협상 결과에 대해 긍정적 기대를 갖도록 한 것이 단순히 아랍인 대표의 최종 제안을 수락하는 것에만 영향을 준 것이 아니라는 점이다. 긍정적 기대는 이스라엘 학생들이 아랍인 대표에 대해 갖는 생각과 감정, 그리고 최종 제안에 대한 평가 모두에 긍정적 영향을 주는 것으로 나타났다.

동양과 서양 사람들의 생각 차이

미국을 비롯 유럽 문화권에서는 아이가 태어난 직후부터 아이를 부모와 다른 침대에서 재운다. 하지만 동아시아 문화권에서는 아이가 어느 정도 자랄 때까지 부모와 함께 잔다.

동양과 서양 간 생각의 차이를 비교 연구한 업적으로 잘 알려진 미국의 심리학자 리처드 니스벳(Richard E. Nisbett, 1941~)에 따르면, 서양에서는 개인의 독립성을 중시하는 반면에 동양에서는 사회 구성원들 간 상호의존성을 강조한다.[25] 동서양의 이러한 차이는 다음의 질문들에 대한 응답 결과에서도 분명하게 확인할 수 있다. 다음의 질문들을 읽고 직접 보기 항목 중 하나를 선택한 후 이어지는 설명과 비교해 보기 바란다.

1. 만약 당신이 다음의 두 가지 직업 중 하나를 선택한다면?

   A. 개인의 자율성이 보장되고 자율권을 실현할 수 있는 직업

   B. 일을 잘했다고 해서 특정 개인만이 부각되기보다는 모두가 함께 일해야 하는 직업

2. 만약 당신이 어떤 회사에 지원한다면, 다음 중 어느 쪽을 선택하겠는가?

   A. 나는 평생 그 직장에서 근무할 것이다.

   B. 나는 얼마 지나지 않아서 다른 직장으로 옮길 것이다.

조사 결과, 서양인들은 90퍼센트 이상이 1번 질문에는 A를 선택하고, 2번 질문에는 B를 선택했다. 대조적으로, 아시아인들의 경우에는 1번 질문에 A를 선택한 사람들은 50퍼센트 미만이고, 2번 질문에 B를 선택한 사람들은 40퍼센트 미민이었다. 이러한 결과는 동서양 사람들의 생각이 서로 얼마나 다른지를 잘 보여준다.

청소년을 위한 심리학 입문서 ④

『생각의 지도』

리처드 니스벳 지음, 최인철 옮김, 김영사, 2004.

사회심리학 분야의 대표적인 석학 중 한 명인 리처드 니스벳이 동양과 서양 사람들의 생각이 얼마나, 어떻게 다른지를 체계적으로 소개한 책이다. 리처드 니스벳에 따르면, 동양 사람들과 서양 사람들은 근원적으로 사물을 분류하는 방법 자체에서 차이를 보인다.

예를 들어, 중국과 미국의 어린이들에게 소, 닭, 풀이 있는 3개의 그림을 제시하고 이 중 2개를 하나로 묶으라고 하면, 미국 아이들은 소와 닭을 하나로 묶는 반면에 중국 아이들은 소와 풀을 하나로 묶는다. 미국 아이들은 소와 닭이 동물이라는 공통점이 있기 때문에 하나로 묶는 것이고, 중국 아이들은 '소가 풀을 먹는다'는 관계적 이유를 들어 소와 풀을 하나로 묶는다.

이처럼 서양 사람들은 사고 과정에서 '범주'를 중시하지만, 동양 사람들은 '관계'를 중시한다. 리처드 니스벳은 이 책에서 동양과 서양 사람들이 보이는 생각의 차이에 관해 다양한 사회심리학적 연구 결과들을 소개한 후, 두 문화가 서로의 장점을 수용해 발전적으로 공존할 수 있는 미래지향적 태도의 중요성에 관해 논의한다.

5장
마음과 행동에
치료가 필요할 때

전 세계적으로 수많은 청소년들이 심각한 수준의 스트레스를 겪고 있다. 한국 사회에서도 정신건강 관련 통계자료들은 청소년의 정신건강 문제가 심각한 수준임을 보여준다. 보건복지부 자료에 따르면, 2016년에 비해 2019년에 정신장애로 진료를 받은 청소년의 수는 5,836명에서 8,323명으로 약 42퍼센트나 증가한 것으로 나타났다.[1] 5장에서는 이상행동의 특징과 종류, 이상행동을 다루는 전문가, 그리고 이상행동을 치료하는 방법들에 관해 소개하고자 한다.

1
문제행동과 이상행동

이상행동을 바라보는 시각

세상에는 이상(異常)행동을 보이는 사람들이 있다. 과거에도 그랬고 현재도 그러하며 미래에도 이것은 변하지 않을 것이다. 특히, 질풍노도의 시기에 해당되는 청소년기에는 다른 시기에 비해 우울, 불안, 분노, 좌절 등 정서적으로 불안정한 모습을 두드러지게 나타낼 수 있다. 행동적으로도 이 시기에는 반항적 행동, 자해, 폭력적 행동, 비행 등 일탈된 모습을 보일 수 있다. 정서적으로나 행동적으로 이상행동을 나타내는 경우, 안정적인 모습을 되찾을 수 있도록 합리적인 대책을 마련할 필요가 있다.

하지만 이상행동과 관련해서는 각별히 주의해야 할 점이 있다. 나 또는 남이 이상하게 느껴질 때 그런 문제를 필요 이상으로 이상하게 바라보지 않기 위해 노력할 필요가 있다는 것이다.

역사적으로 이상행동을 바라보는 사람들의 시각은 변화해 왔다. 고대 사회에서는 이상행동에 대해 주로 종교적 해석을 하는 경향이 있었다. 누군가가 이상행동을 보이면 악령의 짓으로 간주한 것이다. 이 시대에는 이상행동을 보이는 사람에게서 악령을 쫓아내기 위해 종교적 주술을 사용하거나 악령이 빠져나갈 수 있도록 이상행동을 보이는 사람의 뇌에 구멍을 뚫기도 했다.[2] 오늘날의 시각에서 본다면, 이상행동에 대해 매우 이상하게 대처한 것이다. 이러한 행태는 18세기 후반까지도 계속되었다.

이상행동을 바라보는 시각에 근원적 변화가 생긴 때는 프랑스 대혁명 시기였다. 프랑스의 정신과 의사 필리프 피넬(Philippe Pinel, 1745~1826)은 최초로 수용시설에 감금되어 있던 정신과 환자들을 쇠사슬로부터 해방시켜 주었다. 당시에 사람들은 난폭한 인상을 주는 정신과 환자들의 쇠사슬을 풀어주는 것을 위험천만한 일로 간주했다. 하지만 피넬은 정신과 환자의 치료 과정에서 심리적 개입의 중요성을 강조했다. 피넬의 인도주의적 노력은 수십 년간 수용시설에 격리된 채 살아야 했던 상당수 정신과 환자들이 단기간에 호전되어 퇴원하는 성과를 이끌어내기도 했다.[3]

오늘날 이상행동을 바라보는 사람들의 시각은 크게 2가지로 구분할 수 있다. 정신과 환자들을 사회로부터 격리해 적극적으로 치료시설에 수용해야 한다는 관점과, 이와는 상반된 입장을 보이는 '탈시설화' 관점이다.

탈시설화가 정신과 환자를 치료하지 않는 것을 뜻하는 것은 아니다. 정신과 환자들을 폐쇄병동에서 생활하도록 사회에서 격리하기보다는 가급적 외래 치료를 통해 사회에서 생활할 기회를 주어야 한다는 의미이다. 물론, 탈시설화 관점에서도 일부 심각한 증상을 나타내는 정신과 환자의 경우 폐쇄병동에서 치료할 필요가 있다는 데는 동의한다. 이 두 관점의 차이는 발병 상태인 정신과 환자가 주로 머물러야 할 곳을 폐쇄병동과 사회 중 어디로 보느냐에 있다.

그림 48은 이상행동의 역사에서 인류 사회가 나아가는 방향이 어느쪽인지를 분명하게 보여준다. 이 그림에는 1950년대 중반 이후 미국의 공립 정신병원에 입원 중인 환자 수의 변화 양상이 나타나있다. 50년 동안 공립 정신병원에 입원 중인 환자 수는 10분의 1 수준으로 감소했다.[4]

이러한 변화가 나타나게 된 데는 향정신성약물의 개발이 크게 기여했다. 하지만 이상행동에 대한 관점이 변화한 것도 간과해서는 안 된다. 과거에는 반드시 폐쇄병동에서 입원치료를 받아야 한다고 믿었던 심각한 이상행동에 대해서도 오늘날에는 퇴원치료가 가능한 것으로 바라보게 되었다. 이처럼 인류 사회는 이상행동을 과거보다는 덜 이상하게 바라볼 수 있는 안목을 갖추는 방향으로 발전해 왔다고 할 수 있다.

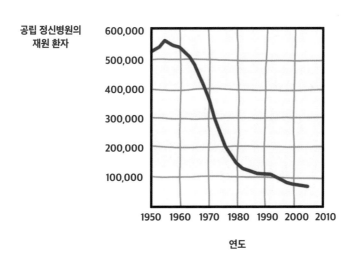

그림 48 미국 공립 정신병원의 입원 환자 수의 변화

심리학자와 정신과 의사의 차이

적응에 심각한 어려움을 일으키는 이상행동을 '심리적 장애(psychological disorder)'라고 한다. 흔히 '정신장애'라고 부르기도 한다. 이상행동을 다루는 대표적 학문 분야로는 심리학과 정신의학을 들 수 있다. 그런데 심리학에 관심을 갖고 있는 청소년들이 진로와 관련해서 흔히 하는 질문은 '심리학과 정신의학의 차이가 무엇인가?'다. 심리학은 인간의 마음과 행동 전반에 대한 이해를 추구하는 반면에 정신의학은 주로 정신장애의 예방과 진단, 그리고 치료 문제에 초점을 맞춘다.

보통 심리학에 호기심을 갖고 있는 청소년들은 심리학 중에서도 임상심리학과 상담심리학의 차이, 그리고 이들과 정신의학의 차이가 무엇인지를 궁금해한다. 기본적으로 임상심리학과 상담심리학, 그리고 정신의학은 모두 정신건강 문제를 다루는 학문이다. 따라서 임상심리학자, 상담심리학자, 정신과 의사는 모두 정신건강 전문가라고 할 수 있다. 이들은 모두 정신건강의 증진과 더불어 정신장애의 예방과 진단, 치료를 위해 노력한다.

임상심리학자, 상담심리학자, 그리고 정신과 의사의 차이를 좀 더 구체적으로 살펴보기 위해서는 먼저 이상행동과 관련한 정상분포곡선에 대해 알아둘 필요가 있다. 정상분포곡선은 어떤 검사에서 특정 점수 범위에 속하는 사람들의 비율을 백분율로 표시한 것이다. 그림 49는 사람들의 정신건강 검사 점수 분포를 나타낸 것이다. 이러한 정보는 이상행동의 심각도에 관한 통계적인 기준을 제공해 준다.

정상분포곡선에서는 평균 범위에 속하는 사람들의 숫자가 가장 많다. 예를 들어, 정신건강 점수의 평균을 기준으로 −1표준편차와 +1표준편차

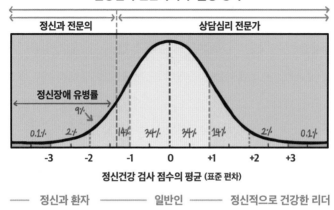

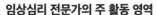

임상심리 전문가의 주 활동 영역

정신과 전문의 　　　　　 상담심리 전문가

정신장애 유병률

9%

0.1%　 2%　 14%　 34%　 34%　 14%　 2%　 0.1%

-3　　 -2　　 -1　　 0　　 +1　　 +2　　 +3

정신건강 검사 점수의 평균 (표준 편차)

―― 정신과 환자 　　　 일반인 ――― 정신적으로 건강한 리더

그림 49 이상행동의 심각도에 관한 통계적 기준

사이에 68퍼센트의 사람들이 포함된다. 보통 정신건강 점수가 상대적으로 낮은 사람들은 정상분포곡선의 왼쪽(-표준편차)에, 정신건강 점수가 높은 사람들은 정상분포곡선의 오른쪽(+표준편차)에 표시된다.

보건복지부의 '2021년 정신건강실태조사' 결과에 따르면, 만 18세 이상 만 64세 이하 성인의 2021년 정신장애 유병률은 약 9퍼센트인 것으로 나타났다.[5] 정상분포곡선에서 정신장애 집단 9퍼센트를 제외한 나머지 집단에는 정신건강 취약군, 평균 수준의 정신건강을 나타내는 사람들, 그리고 정신적으로 건강한 리더 등이 포함된다. 2018년에 초·중·고등학생 4,057명을 대상으로 소아청소년 정신질환 유병률 관련 위험요인을 분석한 결과에 따르면, 적대적 반항장애(5.7퍼센트)가 가장 많았으며, 특정 공포증(5.3퍼센트), 주의력결핍 과잉행동장애(3.1퍼센트), 틱장애(2.6퍼센트), 분리불안장애(2.3퍼센트)가 뒤를 이었다.[6]

기본적으로 정신과 의사는 정신장애를 나타내는 약 9퍼센트 집단의 정신건강을 증진하는 데 초점을 맞춘다고 할 수 있다. 그렇다면 심리학자는 어떤 집단의 정신건강을 증진하는 데 초점을 맞출까?

심리학에 대해 잘 모르는 청소년은 심리학자가 정신장애 집단을 제외한 나머지 91퍼센트 집단의 정신건강을 증진하는 데 초점을 맞출 것이라고 오해하기도 한다. 하지만 그렇지 않다. 그렇다면 심리학자는 어떤 집단의 정신건강 증진에 초점을 맞추는지 알아보자.

이상하게 느껴질 때 누구를 찾아가야 할까?

나 또는 남이 이상하게 느껴질 때는 어떤 정신건강 전문가를 찾아가야 할까? 이런 문제에 답하기 위해서는 정신과 전문의, 상담심리 전문가, 임상심리 전문가의 역할에 관해 알아둘 필요가 있다.

한국에서 정신과 전문의가 되기 위해서는 보통 의과대학에서 6년을 공부하고 인턴과정 1년을 이수한 후 정신과에서 4년의 레지던트 수련 과정을 거쳐야 한다. 정신건강 전문의는 이 11년의 훈련 기간 중 대부분의 시간 동안 정신과 환자를 이해하고 진단하며 치료하는 활동을 한다.

대조적으로, 상담심리학자 혹은 상담심리 전문가가 되기 위해서는 대학에서 심리학(혹은 심리상담 관련 전공)을 공부한 후 대학원에서 심리학(혹은 심리상담 관련) 전공으로 2년에서 3년에 걸쳐 석사과정을 이수해야한다. 반드시 대학교에서 심리학을 전공해야 상담심리 전문가가 될 수 있는 것은 아니지만, 대학원에서는 반드시 심리학(혹은 심리상담 관련) 전공으로 석사과정을 이수해야 한다. 그리고 석사과정을 마친 후에는 대학교의 학생상담센터 등의 심리상담기관에서 3년에 걸쳐 인턴 및 레지던트 수련 과정을 이수해야 한다.

기본적으로 상담심리 전문가는 수련 과정 중 병원의 정신과에서 수련을 받지는 않는다. 그렇기 때문에 상담심리 전문가는 정상분포곡선에서 정신장애 집단을 제외한 나머지 91퍼센트 집단의 정신건강을 증진하는 데 초점을 맞춘다.

마지막으로, 임상심리학자 혹은 임상심리 전문가가 되기 위해서는 대학교에서 심리학(혹은 심리상담 관련 전공)을 공부한 후 대학원에서 심리학(혹은 심리상담 관련) 전공으로 2년에서 3년에 걸쳐 석사과정을 이수해야 한다. 상담심리 전문가와 마찬가지로 임상심리 전문가가 되기 위해 반드시 대학교에서 심리학을 전공해야 하는 것은 아니다. 하지만 대학원에서는 반드시 심리학(혹은 심리상담 관련) 전공으로 석사과정을 이수해야 한다. 그리고 석사과정을 마친 후에는 병원 정신과 등의 임상수련기관에서 3년에 걸쳐 임상심리 레지던트 혹은 임상심리 전문가 수련 과정을 이수해야 한다.

상담심리 전문가와 달리, 임상심리 전문가가 되기 위해서는 수련 과정 중 병원 정신과 등의 임상수련기관에서 수련을 받아야 한다. 이런 점에서 임상심리 전문가는 정신장애를 나타내는 약 9퍼센트 집단의 정신건강을 증진하는 활동과 정신장애 집단을 제외한 나머지 91퍼센트 집단의 정신건강을 증진하는 활동 모두에 참여한다.

앞서 언급한 것처럼, 정신과 전문의와 상담심리 전문가는 주안점을 두는 대상 면에서 분명하게 구분된다. 그와 대조적으로, 임상심리 전문가는 초점을 맞추는 대상이 한편으로는 정신과 전문의(정신장애를 보이는 9퍼센트 집단)와 겹치고 또 다른 한편으로는 상담심리 전문가(정신장애를 보이지 않는 91퍼센트 집단)와 겹친다. 따라서 정신과 전문의, 상담심리 전문가, 임상심리 전문가의 차이를 이해하는 데는 임상심리 전문가를 기준으로 세 전문직의 차이를 비교해 보는 것이 효과적이다.

먼저, 임상심리 전문가와 정신과 전문의의 차이를 살펴보면 다음과 같다. 정신과 전문의는 치료 과정에서 의학적 평가와 약물치료를 주로 하는 데 반해 임상심리 전문가는 심리평가와 심리치료에 집중한다. 물론, 심리치료(혹은 정신치료)에 집중하는 정신과 전문의도 존재한다. 하지만 그 수가 많지 않은 편이며, 전반적으로 정신과 전문의의 업무에서 심리치료는 약물치료에 비해 상대적으로 비중이 크지 않다.

정신과 전문의가 정신장애 집단의 치료 과정에 집중하는 데 반해, 임상심리 전문가는 정신장애 집단의 치료에 참여하는 동시에 이들이 치료 후 사회에 잘 적응할 수 있도록 돕는 과정에도 초점을 맞춘다. 정신과 환자가 사회에 잘 적응할 수 있도록 돕는 역할을 하기 위해서 임상심리 전문가는 수련 과정에서 정신병리에 대한 교육과 훈련 외에도 인간의 전 생애에 걸친 발달과정, 정서, 성격, 사회, 문화 등 다양한 분야에 대한 심리학적 교육과 훈련을 함께 받게 된다.

임상심리 전문가와 상담심리 전문가의 차이를 살펴보면 다음과 같다. 상담심리 전문가는 주로 정신건강 취약군, 평균 수준의 정신건강을 나타내는 사람들, 그리고 정신적으로 건강한 리더 등에 대한 심리상담 및 심리치료를 담당한다. 하지만 임상심리 전문가와 달리, 상담심리 전문가는 임상수련을 받지는 않기 때문에 정신과 환자에 대한 심리치료를 진행하지는 않으며, 전문심리검사인 지능검사 및 로르샤흐 검사 등을 활용한 종합심리평가를 진행하지 않는다.

요약하자면, 정신과 전문의, 상담심리 전문가, 임상심리 전문가는 정신건강 전문가로서 공통 업무를 맡고 있기도 하지만 세부적으로는 초점을 맞추는 대상과 구체적인 활동 내용 면에서 각자 고유한 업무도 담당하고 있다. 중요한 점은 세 전문직 모두 직업적으로 대등한 협업 관계하에 한국인의 정신건강 증진을 위해 노력하고 있다는 점이다.

2
현실에 대한 감각을
잃어버린 사람들

대표적인 사고장애, 조현병

현실에 대한 객관적 판단 능력을 잃어버리는 증상을 '사고장애 (thought disorder)'라고 한다. 사고장애를 보이는 것을 '정신병적 증상'이라 부르며, 이것과 관계된 대표적 장애는 조현병(schizophrenia)이다.

조현병은 혼란스러운 사고로 인해 현실적 문제들을 해결하는 데 어려움을 보이는 장애를 말한다. 조현병은 과거에 '정신분열병'이라고 불렸으나 그러한 병명이 사회적으로 부정적 인상을 줄 수 있기 때문에 우리나라에서는 개명되었다. 조현(調鉉)은 현악기의 줄을 고른다는 뜻인데, 조현병 환자가 마치 제대로 조율되지 못한 현악기처럼 혼란스러운 모습을 보이기 때문에 그런 이름을 사용하게 되었다.

전 세계 인구의 1퍼센트 정도가 조현병을 경험하는 것으로 보고되

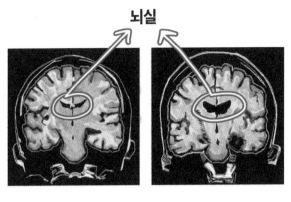

뇌실

조현병 아닌 쌍생아의 뇌 VS. 조현병 걸린 쌍생아의 뇌

그림 50 조현병 유무와 뇌실의 크기 간 관계

고 있다.[7] 『정신장애의 진단 및 통계 편람 5판(*Diagnostic and Statistical Manual of Mental Disorders, 5th ed.*)』(이하 『DSM-5』)에서는 조현병의 증상을 크게 양성 증상(positive symptom)과 음성 증상(negative symptom)으로 구분한다.[8]

양성 증상은 사람들이 일반적으로 보이는 기능이 과도해져서 나타나는 증상을 말한다. 여기에는 망상(delusions), 환각(hallucinations), 그리고 혼란스러운 언어와 행동이 포함된다.

망상은 객관적 근거가 없는 상태에서 비논리적이고 비현실적인 믿음을 나타내는 것을 말한다. 예를 들어, 조현병 환자가 자신이 예수나 칭기즈 칸 같은 영웅이라고 주장하는 것이다. 환각은 실제로는 외부에 자극이 없음에도 불구하고 마치 존재하는 것처럼 시각, 청각, 촉각 등의 지각적 경험을 하는 것을 말한다. 예를 들면, 유령을 보거나(환시), 머리에서 누군가의 목소리를 듣거나(환청), 몸에 벌레가 기어 다니는 것처럼 느끼는 것(환촉) 등이 여기 해당된다.

이와 대조적으로 음성 증상은 사람들이 일반적으로 보이는 기능을 거의 나타내지 않기 때문에 발생하는 증상을 말한다. 음성 증상에는 무관심, 감정의 둔화, 말하거나 움직이는 속도가 저하되는 것 등이 포함된다.

조현병 환자는 비정상적 뇌구조를 갖고 있는 것으로 알려져있다.[9] 예를 들어, 조현병을 보이는 쌍생아의 뇌는 조현병이 없는 쌍생아의 뇌에 비해 그림 50처럼 뇌실이 상대적으로 크게 확대되어 있다.

때로는 심각한 우울 증상을 보이는 주요우울장애(major depressive disorder)나 기분이 극도로 고양되는 양극성장애(bipolar disorder) 환자도 사고장애를 나타내기도 한다. 만약 사고장애가 심각한 우울 증상을 보이는 시기나 기분이 극도로 고양된 시기에만 나타난다면, 조현병 진단 대신 정신병적 특징을 동반한 주요우울장애 혹은 양극성장애로 진단하게 된다.

정신장애를 유발하는 결정적 요인은 무엇일까?

조현병 같은 정신장애는 유전적 소인이 분명하게 존재한다.[10] 일란성 쌍생아 중 한 명이 조현병에 걸리면 나머지 한 명에게서 조현병이 발병할 가능성은 48퍼센트나 된다. 또 부모 모두가 조현병 환자인 경우 자녀에게서 조현병이 발병할 가능성은 46퍼센트에 이른다. 이와 대조적으로, 이란성 쌍생아 중 한 명이 조현병에 걸렸을 때 나머지 한 명에게서 조현병이 발병할 가능성은 17퍼센트이다. 또 부모 중 한 명이 조현병 환자인 경우 자녀에게서 조현병이 발병할 가능성은 13퍼센트이다.

비록 유전적 요인이 조현병의 발병에 중요한 역할을 한다고 하더라도, 유전적 요인만으로는 조현병이 나타나는 원인을 충분히 설명해 주지는 못한다. 아동기에 정신적으로 심각한 외상*을 경험하는 것 역시 조현병에 대한 심리적 취약성을 높일 수 있다.[11] 조현병 환자들 중 21~65퍼센트가 학대받은 경험을 보고한다. 그리고 아동기에 외상을 경험하는 경우, 그렇지 않은 경우에 비해 조현병의 주요 특징인 사고장애를 보이게 될 가능성이 3배 더 높은 것으로 나타났다. 또 아동기에 외상을 경험한 조현병 환자들이 증상의 심각도 및 정신사회적인 기능 저하가 더 두드러지며 자살 위험성도 더 큰 것으로 나타났다.

> **정신적 외상(trauma)**
> 충격적인 경험을 했을 때 받는 심리적 고통이나 마음의 상처. 외상후스트레스장애(post-traumatic stress disorder, PTSD)의 진단 준거에서 외상성 사건은 '실제적이거나 위협적인 죽음, 심각한 부상, 또는 성폭력에 노출'을 의미하며, 그러한 사건들을 직접적으로 경험하는 것뿐만 아니라 목격하는 것, 그리고 가족이나 가까운 친척이나 친구에게 일어난 것을 알게 되는 것도 포함함.

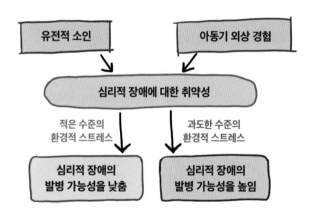

그림 51 스트레스 취약성 모델

하지만 유전적 소인과 아동기 외상 경험 등 심리적 취약성을 가지고 있다고 해서 반드시 조현병이 발병하는 것은 아니다. 그림 51이 보여주는 것처럼, 환경적인 스트레스 수준에 따라 심리적 취약성이 있는 사람의 정신장애 발병 가능성이 높아지기도 하고 낮아지기도 한다. 이러한 관점을 '스트레스 취약성 모델(stress-diathesis model)'이라고 부른다.

스트레스 취약성 모델은 조현병 같은 정신장애로 고통받는 환자와 환자의 가족들에게 중요한 시사점을 제공해 준다. 왜냐하면 그 모델은 정신장애에서 결정적인 부분이 유전이나 아동기의 정신적 상처 경험이 아니라 스트레스에 어떻게 대처하는가 하는 점이라는 사실을 보여주기 때문이다.

비록 조현병 같은 정신장애에서 유전적 소인이 미치는 영향이 클지라도 정신장애는 선천적으로 결정되는 것이 아니다. 특히 스트레스 대처 기술과 사회적인 적응 기술을 효과적으로 익힘으로써 정신장애를 충분히 예방할 수 있다.

조현병 환자는 범죄의 가해자일까 피해자일까?

2012년에서 2016년까지의 경찰청 범죄 통계와 건강보험심사평가원의 통계를 활용해 조현병 환자의 범죄율을 조사한 결과, 국내 전체 범죄에서 조현병 환자의 범죄가 차지하는 비율은 0.1퍼센트 수준이었다.[12] 그리고 국내 조현병 환자 중 범죄를 저지르는 사람의 비율은 0.72~0.90퍼센트 수준으로, 전체적으로 국내 조현병 환자의 범죄율은 일반 지역사회 주민의 20퍼센트 수준이었다. 하지만 조현병 환자가 살인을 저지르는 비율은 일반 지역사회 주민의 5배, 방화는 6배, 그리고 마약 관련 범죄는 2배 더 높은 것으로 나타났다.

이러한 결과는 조현병과 범죄의 관계에 대해서 우리가 발생 빈도와 심각도의 양면을 모두 고려할 필요가 있음을 보여준다. 전체적으로 범죄를 기준으로 할 때, 조현병 환자가 일반 지역사회 주민보다 더 위험하다고 보기는 어렵다. 비유적으로 표현하자면, 조현병 환자와 일반 지역사회 주민의 범죄 위험성을 비교하는 것은 비행기 사고와 자동차 사고의 위험성을 비교하는 것과 유사한 데가 있다.

2016년에 전 세계에서 4,000만 대의 상업용 항공기가 무사히 비행을 마쳤고 10대의 항공기에서 사고가 발생했다.[13] 따라서 비행기 사고가 일어날 확률은 0.000025퍼센트로, 자동차 사고가 일어날 확률보다 현저하게 낮다. 미국의 교통사고 통계에 따르면, 자동차 사고로 사망할 확률은 비행기 사고로 사망할 확률보다 30배 더 높다.[14]

하지만 사람들은 일반적으로 자동차 사고보다는 비행기 사고에 대해 더 큰 공포를 느낀다. 공포와 위험은 다르다.[15] 때때로 공포는 실제 위험 상황의 객관적 정보가 아니라 당사자의 주관적 느낌에 의해 나타나기도 한다. 흔히 사람들이 조현병 환자의 범죄와 관련해서 경험하는 공포는 실제 위험보다는 주관적 공포에 가까운 경향이 있다.

사람들의 이러한 공포는 심각한 범죄를 저지른 후 정신병을 호소하며 감형을 시도하는 범죄자에 관한 기사를 접할 때 더욱 증폭되기도 한다. 하지만 정신장애에 대한 정밀한 평가를 통해 실제 정신장애로 고통받는 것과 범죄자가 감형을 목적으로 정신장애를 가장하는 것은 구분할 수 있다. 또 미국의 경우, 뉴욕과 뉴저지를 비롯한 23개 주는 죄질이 좋지 않은 사이코패스(psychopaths) 관련 범죄에는 '정신병력으로 인한 감형'을

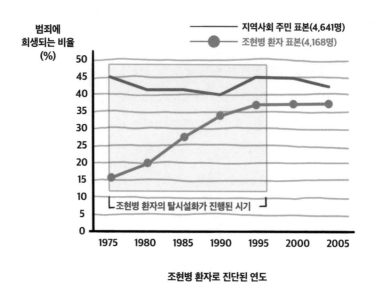

범죄에
희생되는 비율
(%)

지역사회 주민 표본(4,641명)
조현병 환자 표본(4,168명)

조현병 환자의 탈시설화가 진행된 시기

1975 1980 1985 1990 1995 2000 2005

조현병 환자로 진단된 연도

그림 52 조현병 환자와 일반 지역사회 주민 간 범죄 피해자 비율

적용하지 않고 있다.[16]

그렇다면 조현병 환자가 범죄의 희생양이 되는 비율은 어떻게 나타날까? 그림 52는 1975년부터 2005년 사이에 조현병으로 진단된 환자가 크고 작은 범죄의 피해자가 되는 비율을 일반 지역사회 주민의 자료와 비교한 것이다.

일반 지역사회 주민의 경우에는 범죄의 피해자가 되는 비율이 조사 기간 동안 상대적으로 일정하게 유지되었지만, 조현병 환자의 경우에는 탈시설화가 진행된 초기에 조현병 진단을 받은 경우 약 15퍼센트 수준이었다가 2005년에는 약 37퍼센트로 2배 이상 증가했다.[17] 특히 범죄의 피해자가 되는 경우, 조현병 환자들은 일반 지역사회 주민보다 범죄에 반복적으로 희생될 가능성이 더 높은 것으로 나타났다.

요약하자면, 조현병 환자는 일반 지역사회 주민에 비해 범죄를 저지르는 비율이 낮은 반면에 범죄에 반복적으로 희생될 가능성은 더 큰 것으로 보인다. 따라서 조현병 환자는 범죄의 가해자가 될 가능성 때문에 사회에서 격리 수용해야 할 대상이 아니라, 범죄에 반복 희생될 가능성 때문에 보호가 필요한 대상에 더 가깝다고 할 수 있다.

3
기분과 감정에
심하게 흔들린다면

기분이 지나치게 저하된 사람들

어떤 심리적 장애는 남성에게서 흔히 나타나고, 어떤 심리적 장애는 여성에게서 더 빈번하게 나타난다.[18] 주요우울장애는 여성에게서 더 흔하게 나타나는 대표적인 장애다.

우울한 기분을 경험한다고 해서 모두 주요우울장애로 진단되는 것은 아니다. 주요우울장애로 진단하기 위해서는 삶에서 기쁨을 경험하지 못하고 무기력하며 스스로에 대해 무가치하다고 생각하고 수면과 섭식에서 문제가 나타나는 등 극도로 기분이 가라앉는 상태가 적어도 2주 이상 지속되어야 한다. 일부 주요우울장애 환자가 사고장애를 보이기도 하지만 그것은 증상이 매우 심한 일부 주요우울장애 환자의 경우에 나타나는 현상이다.

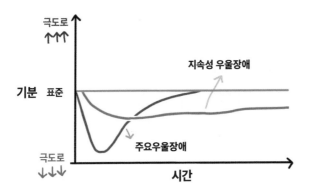

그림 53 주요우울장애와 지속성 우울장애의 비교

주요우울장애와 비슷해 보이지만 구분되는 장애로 지속성 우울장애 (persistent depressive disorder)가 있다. 지속성 우울장애에서는 우울 증상이 2년 이상 지속된다. 단, 아동 및 청소년의 경우에는 1년 이상 나타나는 경우에 진단될 수 있다. 그림 53처럼 주요우울장애는 극도로 기분이 저하된 시기가 있기 때문에 '단극성 장애'라고 불리기도 한다. 대조적으로, 지속성 우울장애는 주요우울장애보다는 덜 심각한 우울 증상이 장기간에 걸쳐 나타난다.

우울증과 관련 있는 대표적인 심리적 요인으로는 '인지삼제(cognitive triad)'의 문제를 들 수 있다.[19] 인지삼제는 우울한 사람들이 자기 자신, 자신이 처한 상황과 세상, 그리고 미래에 대해서 부정적이고 비관적으로 지각하는 것을 말한다.

우울한 사람들은 주로 부정적이고 비관적인 형태의 '자동적 사고[*]'를 보이는 경향이 있다. 누구나 스트레스 상황에서는 일시적으로 부적응적인 자동적 사고를 보일 수 있지만, 우울한 사람들은 자동적 사고 내용을

자동적 사고(automatic thoughts)

자극에 대해 의식적인 노력 없이 자발적으로 일어나는 생각. 즉, 사람들이 자기도 모르게 즉각적으로 떠올리게 되는 생각.

회복탄력성(resilience)

심각한 삶의 역경과 위협에 직면하고서도 정상 발달을 이루거나 오히려 그 이상의 발달을 보이는 성질. 때로는 역경의 수준에 비해 그 부정적 결과가 최소 수준인 경우까지도 포함.

대안적 사고로 대체하려는 노력을 상대적으로 적게 기울이기 때문에 자동적 사고의 부정적 영향이 더 크고 오래 지속된다.

예를 들어, 시험 성적이 기대한 것보다 안 좋게 나오는 경우 대부분의 사람들은 자신에 대해 '나는 실패자야!'라는 식의 부정적인 생각을 떠올릴 수 있다. 하지만 대부분의 사람들은 자동적 사고에 뒤이어 '이번에는 결과가 좋지 않았지만 다음에 노력하면 나아지겠지'라는 식으로 회복탄력성[★]을 발휘한다. 하지만 우울한 사람들은 이러한 자연스러운 회복 과정이 효과적으로 나타나지 않기 때문에 심리 상담 혹은 심리치료 등의 전문적인 도움이 필요하다.

기분이 극도로 고양된 사람들

대부분의 정신과 환자들은 심리적으로 매우 큰 고통을 호소하기 때문에 치료를 받게 된다. 하지만 때로는 환자 자신은 스스로 너무나 행복하다고 주장하지만 객관적으로는 치료가 필요한 경우도 있다. 바로 1형 양극성장애가 그 대표적인 예다.

1형 양극성장애는 그림 54처럼 극도로 고양된 기분과 저조한 기분이 양극단의 형태로 반복되는 장애다.[20] 기분이 극도로 고양되는 것을 '조증(mania)'이라고 한다. 조증에서는 자신을 과대평가하고 수면 욕구가 감소하며 급격한 사고의 전환과 더불어 말이 매우 많고 빨라지며 무분별하고

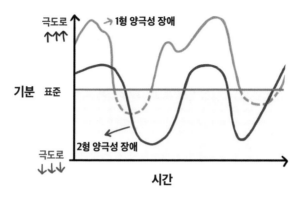

그림 54 1형 양극성장애와 2형 양극성장애의 비교

위험한 행동을 보인다.

일반적으로 1형 양극성장애 환자들은 기분이 극도로 고양된 상태에서 사회적으로 물의를 일으킬 수 있는 행동을 한 다음 정신과를 방문하게 된다. 그래서 1형 양극성장애 환자들에게서 우울한 증상을 관찰하기는 쉽지 않다. 하지만 1형 양극성장애 환자들은 조증을 경험한 전후로 우울한 기분을 함께 경험한다.

양극성장애 환자들은 세상 모든 것이 내 뜻대로 될 것 같은 기분 좋은 상태에 있다가도 어느 순간 갑자기 세상의 밝은 빛이 모두 꺼져버리고 칠흑처럼 어두운 시간이 찾아오는 듯한 경험을 하게 된다. 주요우울장애와 마찬가지로, 일부 양극성장애 환자도 정신병적 형태의 사고장애를 보이기도 한다.

1형 양극성장애와는 대조적으로, 2형 양극성장애에서는 기분이 조증만큼 고양된 모습을 보이지 않는 대신 상대적으로 더 심하게 저하된다. 2형 양극성장애에서 보이는 고양된 기분을 '경조증(hypomania)'이라고 한다. 경조증은 조증에 비해 상대적으로 기분이 덜 상승하며 조증처럼 입원치료를 요구하는 수준의 위험하거나 무분별한 행동을 보이지는 않는다.

외견상 양극성장애는 창의적이고 생산적인 활동을 하는 데 유리한 것처럼 보일 수도 있다.[21] 왜냐하면 조증에 의해 수면 욕구가 저하되고 남다른 생각들이 폭발적으로 분출되면서 말을 빠르고 다양하게 쏟아내는 것이 창의적인 활동을 왕성하게 하는 데 도움이 되는 것처럼 보이기 때문이다. 역사적으로 많은 천재들이 양극성장애로 추정되는 행적을 남기기도 했다.

하지만 이러한 논리에는 약점이 있다. 예를 들어, 노벨문학상을 수상한 소설가 어니스트 헤밍웨이(Ernest Hemingway)처럼 역사적으로 뛰어난 업적을 남긴 천재들 중에 양극성장애를 보인 사람들이 존재한다고 해서 양극성장애가 천재적인 업적을 이끌어낸다고 보기는 어렵다. 또 창조적 활동과 양극성장애의 증상은 겉으로 유사해 보이더라도 심리적으로 다른 상태를 반영하는 것일 수 있다. 일반적으로 성숙한 형태의 창조적 활동은 행위자에게 기쁨을 주는 반면 양극성장애의 증상은 심리적으로 심각한 고통을 유발한다.

지나치게 불안하고 두려워하는 사람들

불안 또는 공포 증상을 두드러지게 나타내는 심리적 장애들로는 '공포증(phobia)' '범불안장애(generalized anxiety disorder)' '공황장애(panic disorder)' '강박장애(obsessive-compulsive disorder)' '외상후스트레스

장애(post-traumatic stress disorder, 이하 PTSD)' 등을 들 수 있다. 이러한 장애들이 『DSM-5』분류상에서 모두 불안장애(anxiety disorder)로 묶이는 것은 아니다. 하지만 이들은 핵심 증상이 불안 또는 공포와 밀접한 관계가 있다.

공포증은 특정 대상이나 상황에 대해 극심한 두려움을 경험하는 것을 말한다.[22] 이러한 공포증에는 흔히 사람들이 두려워하는 대상인 거미나 주사 바늘을 일반적으로 기대되는 것보다 훨씬 더 심하게 두려워하는 증상도 있지만, 대부분의 사람들이 두려워하지 않는 것을 두려워하는 경우도 있다. 예를 들면, 'hippopotomonstrosesquippedaliophobia'라는 이름의 공포증이 있는데, 이것은 긴 단어에 대한 공포증을 말한다.

사실상 인간은 존재하는 모든 대상과 상황들에 대해 공포증을 경험할 수 있다. 범불안장애는 이러한 불안 증상의 특징을 상징적으로 잘 보여준다. 범불안장애는 장기간에 걸쳐 일상생활에서의 수많은 일들에 대해 근심하고 걱정하는 것을 말한다. 범불안장애는 대부분의 사람들이 일상적으로 크게 걱정하지 않는 일들을 심각하게 두려워한다.

이러한 점은 불안장애가 실제로는 두려워할 필요가 없는 것을 두려워하게 됨으로써 가장 두려워하는 것으로부터 관심을 돌리려는 노력을 반영한다는 것을 보여준다. 예를 들면, 아버지의 호통 소리를 무서워하는 사람이 실생활에서는 천둥 번개를 필요 이상으로 두려워하는 모습을 보이는 것이다. 개인이 이러한 선택을 하는 이유는 자신의 두려움을 매일이 아니라 천둥 번개가 치는 날들로만 한정할 수 있기 때문이다.

공황장애는 갑작스럽게 심장박동수가 증가하고 질식감과 더불어 식은 땀이 비 오듯 흐르며 가슴 통증을 유발하는 고통이 발작적으로 일어나는 것을 말한다.[23] 그리고 강박장애는 불안과 공포를 야기하는 '침입적 사고'와 그러한 사고가 주는 고통을 경감시키고자 하는 '보상적 활동'이 반복해서 나타나는 것을 말한다.[24] 예를 들어, 외출하고 돌아오면 손이 세균으로 오염된 것 같은 생각(침입적 사고)이 들어 피부가 헐 정도로 반복해서 손을 씻는 행동(보상적 활동)을 하는 것이다.

PTSD는 정신적 상처를 주는 위협적인 사건을 경험한 후 고통스러운 사건들이 꿈이나 생각의 형태로 반복해서 떠올라 일상생활에 어려움을 겪는 것을 말한다.[25] PTSD 진단을 내릴 수 있는 정신적 외상에는 전쟁, 테러, 재해, 폭행, 성폭력, 교통사고 등 생명이나 신체를 위험에 빠트릴 수 있는 정도의 스트레스 사건이 포함된다.

하지만 정신적인 외상 경험을 한 모든 사람들이 PTSD 증상을 보이는 것은 아니다. PTSD 관련 쌍생아 연구 결과, 정신적 외상을 경험하든 아니든 PTSD로 진단된 쌍생아들의 해마는 상대적으로 크기가 작은 것으로 나타났다.[26] 이러한 결과는 PTSD로 진단된 집단의 경우, 선천적으로 해마의 크기가 작을 가능성을 보여준다. 다시 말해서 이들은 전적으로 정신적 외상에 의해 PTSD가 유발된 것이 아니라, 정신적 외상을 겪으면 잠재적으로 PTSD를 나타낼 수 있는 조건을 가지고 태어났을 가능성을 보여준다.

4
자폐스펙트럼장애부터
품행장애까지

사람에게 관심을 안 보이는 아이들

아동기에 나타날 수 있는 대표적인 발달장애로 자폐스펙트럼장애
(autism spectrum disorder, 이하 ASD)가 있다. ASD는 사회적 의사소통
과 사회적 상호작용에서 지속적인 결함을 보이는 장애를 말한다.[27]

그림 55 중 그림 A가 보여주는 것처럼, 일반 아동들은 생일 케이크의
촛불처럼 자신이 좋아하는 사물이 눈앞에 있더라도 누군가가 말을 걸거
나 하면 자연스럽게 그 사람을 쳐다보는 반응을 나타낸다. 하지만 ASD
아동은 그림 B처럼, 누군가가 옆에 오더라도 자신이 관심을 기울이는 대
상 외에는 쳐다보지 않는다.

그림 55 일반 아동과 자폐스펙트럼장애 아동의 반응

전형적으로 ASD 아동은 사물의 구조와 기능을 조직화하는 체계화 능력에서는 뛰어난 역량을 나타내지만 다른 사람들에 대한 공감 능력은 제한되어 있다. 예를 들어, ASD 아동들은 다른 사람들이 사회적인 모임을 가질 때 사람들 사이에서 무언가가 오간다는 것을 어렴풋하게 감지할 수는 있으나 정작 자신은 그러한 사회적 신호를 거의 파악하지 못한다.[28]

비유적으로 표현하자면, ASD 아동들이 사회적 상황에서 경험하는 것은 우리가 송수신하는 휴대전화들을 바라보면서 느끼는 것과 유사하다. 우리는 일상적으로 수많은 휴대전화들 사이에서 보이지 않는 전파신호가 끊임없이 오가고 있다는 것을 안다. 하지만 우리 눈에는 그런 신호가 전혀 보이지 않는다. 오로지 신호가 오가고 있다는 것을 짐작만 할 뿐이다.

과거에 ASD는 평생 지속되는 심리적 장애로, 사실상 변화하는 것이 불가능하다고 여겨졌다. 하지만 최근의 연구 결과는 ASD 중 10~17퍼센트 정도는 나이가 들면서 더 이상 진단 기준을 충족하지 않는 수준으로 변할 수 있다는 것을 보여준다.[29] 아마도 이런 결과가 나타나는 이유 중 일부는 영유아기 때 ASD를 정확하게 진단하는 것이 어렵기 때문일 수도 있다. 하지만 심리사회적으로 성숙해질 경우 ASD의 일부 증상이 경감될 가능성도 존재한다고 볼 수 있다.

과연 ASD를 효과적으로 치료하는 것이 가능할까? 최근의 연구 결과는 2년에 걸쳐 매주 40시간씩 집중적으로 치료자와 일대일로 짝지어 행동치료를 진행할 경우 ASD 아동 중 47퍼센트에게서 정상 수준의 지적 발달과 교육적 효과를 거둘 수 있다는 것을 보여준다. 통제 집단의 경우에는 ASD 아동 중 2퍼센트에게서만 유사한 효과가 나타났다. 특히 흥미로운 점은 이처럼 집중적 형태의 행동치료를 받은 ASD 아동은 치료 후 사람 얼굴 등을 바라볼 때 정상적인 뇌 활동에 가까운 양상을 나타냈다는 것이다.

부주의하고 충동적인 아이들

주의력결핍 과잉행동장애(attention deficit hyperactivity disorder, 이하 ADHD)는 주의 집중에 어려움을 겪거나(혹은 동시에) 충동적으로 행동하는 문제를 나타내는 것을 말한다.[30] 일반적으로 ADHD는 여자보다는 남자에게서 더 흔하게 나타나는 심리적 장애 중 하나다. ADHD의 진단을 위해서는 부주의하거나 충동적으로 행동하는 문제가 적어도 12세전에 나타나야 한다.

ADHD는 의지나 신중한 태도의 문제가 아니라 미세 뇌기능장애(minimal

brain dysfunction)에 해당된다. 전형적으로 ADHD는 아동 및 청소년기에 흔히 나타나는 장애이지만 성인에게도 진단을 내릴 수 있다. 다만, 성인 ADHD의 경우에는 증상의 측면에서 충동적인 행동보다는 부주의한 면이 더 두드러진다.

기본적으로 ADHD의 핵심 증상 중 일부가 충동적으로 행동하는 문제이기 때문에 약물치료를 진행한다면 정신 기능을 자극하는 약물이 아니라 정신 기능을 억제할 수 있는 약물을 쓰는 것이 필요하리라는 인상을 줄 수 있다. 하지만 실제로는 그 반대다.

ADHD를 치료하는 데 사용되는 대표적인 약물 중 하나는 바로 '리탈린(Ritalin)'이다. 이것은 일종의 정신자극제로, 정신 기능의 브레이크 시스템을 강화함으로써 충동적으로 행동하는 문제를 억제할 수 있게 해준다.

그림 56은 ADHD 아동들에게 리탈린을 처방했을 때 행동상의 변화 양상을 보여준다. 그림 A가 보여주는 것처럼, 리탈린은 위약 조건에 비해

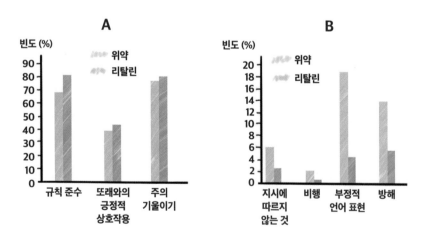

그림 56 ADHD 아동에게 리탈린을 처방한 후 행동 변화 양상

아동의 긍정적인 행동을 더 효과적으로 강화해 주지는 못한다. 하지만 그림 B에서 확인되듯이 리탈린은 위약 조건에 비해 아동의 부정적인 행동을 더 효과적으로 감소시켜 주는 것으로 나타났다.

리탈린은 정신자극제이기 때문에 우리 사회에서 '공부 잘하는 약'으로 잘못 알려져 약물 오남용 문제가 심각해지기도 했다.[31] 이러한 문제 때문에 2019년에 국회 보건복지위원회에서는 리탈린이 오남용될 경우 신경과민과 불면증 등의 부작용이 나타날 수 있다는 경고를 하기도 했다.

기본적으로 ADHD를 치료하는 데는 약물치료가 필수적이다. 하지만 리탈린은 ADHD 아동의 부정적인 행동을 효과적으로 감소시켜 주는 반면, 긍정적인 행동에는 별다른 효과를 나타내지 못한다. 따라서 ADHD에 대한 최선의 치료적 개입 방법은 약물치료와 심리치료를 병행하는 것이라고 할 수 있다.

규율을 어기는 아이들

품행장애(conduct disorder, 이하 CD)는 반복적이고 지속적으로 사회적 규칙을 위반하거나 타인의 권리를 침해하는 행동을 나타내는 것을 말한다.[32] 이러한 행동에는 타인이나 동물에 대한 공격, 타인의 재산을 파괴하는 것, 사기와 절도, 학교의 무단결석과 가출 등 심각한 규칙 위반이 포함된다.

일반적으로 CD 역시 여자보다는 남자에게서 더 흔하게 나타나는 심리적 장애 중 하나다. CD는 주로 청소년기에 흔히 나타나지만 때로는 취학 이전의 이른 나이에 나타나기도 한다. 초기에 나타나는 CD의 증상은 거짓말을 하거나 가게에서 물건을 훔치는 것 등 상대적으로 덜 심각한 양상을 띤다. 적기에 CD를 치료하지 못하면, 나중에는 강도나 기물 파괴 등 훨씬 더 심각한 문제 행동을 보인다.

반사회적 성격장애(antisocial personality disorder, 이하 APD), 즉 사이코패스로 진단되는 사람들은 청소년기에 CD로 진단받은 이력이 있다. 그렇다고 해서 CD가 대부분 성인기에 APD가 되는 것은 아니다.

최근 우리 사회에서는 강력범죄로 소년부에 송치된 촉법소년이 증가하는 추세이다.[33] 촉법소년은 범죄를 저질러도 형사 처벌을 받지 않는 만 14세 미만의 소년을 말한다. 이들은 죄를 지어도 소년법에 따라 소년원에 가거나 사회봉사 등의 보호 처분을 받게 된다.

최근 우리 사회에서는 강간과 강도 등의 소년범죄가 시간이 흐를수록 더욱더 심각해지는 경향이 있다. 그 이유가 무엇일까? 그것은 아마도 시간이 흐를수록 청소년이 더욱 심각한 문제를 일으켜야만 행위자 자신과 주변 사람들, 그리고 사회 전체에 미치는 심리적 충격이 과거와 비슷해질 수 있기 때문일 것이다. 이러한 점은 대중매체의 발달로 인해 사람들이 충격적인 사건과 사고들에 대해 일종의 면역 효과를 갖게 된 것과 관계가 있다.

품행장애와 밀접한 관계가 있는 방어기제 혹은 적응기제로는 '행동화(acting out)'를 들 수 있다. 행동화는 내면의 고통과 갈등을 잊기 위해 부지불식간에 사회적으로 물의를 일으키는 행동을 하는 것을 말한다. 예를 들어, 부모의 이혼으로 고통을 받는 청소년이 문제 행동을 하는 경우를 살펴보자. 처음에는 주변 사람들이 부모의 이혼으로 방황하는 청소년을 위로하고 용서해 줄 수 있다. 하지만 심각한 문제 행동이 반복되면 사람들은 어느 순간부터 그 청소년이 부모의 이혼 때문에 방황했던 것이 아니라 '원래부터 그런 아이'였던 것으로 생각하게 된다.

여기서 중요한 점은 당사자 역시 자신을 다른 사람들과 비슷한 시각으로 바라보게 된다는 것이다. 이것은 명백히 미성숙한 행동이지만 적어도 이러한 행동은 그 청소년이 부모의 이혼으로 인한 고통에서 벗어나게 해 줄 수는 있다. 왜냐하면 품행장애의 문제를 일으키면 그때부터는 부모의 이혼은 삶에서 더 이상 중요한 문제가 되지 않고 오직 사회적으로나 법적으로 어떤 처벌을 받는가가 훨씬 더 중요한 문제가 되기 때문이다.

5
과연 심리치료는 효과가 있을까?

이상행동을 치료할 때 심리치료가 꼭 필요한 이유

이상행동을 치료하는 데는 증상에 따라 다양한 치료기법들이 활용되지만, 대표적인 치료법으로는 약물치료와 심리치료를 들 수 있다. 한국에서 약물치료는 정신과 의사들이 담당한다. 이상행동을 일으키는 문제 중 일부는 약물치료가 필수적인 장애들이다. 그 대표적인 예가 조현병이다.

조현병 환자들은 사고장애로 인해 현실적인 판단력에 결함을 보이는 정신병적 증상을 보인다. 이들을 치료하는 데 사용되는 약물을 '항정신병(antipsychotic) 약물'이라고 한다. 문제는 조현병 환자들이 항정신병 약물을 복용할 경우 약물 부작용이 발생할 수 있다는 점이다. 논리적으로만 판단한다면, 약물 부작용 때문에 조현병 환자가 항정신병 약물을 복용하지 않는 것은 결코 합리적이지 않은 결정이 된다. 하지만 때로는

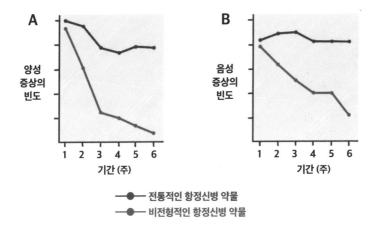

그림 57 조현병 환자들을 치료하는 데 사용하는 약물

항정신병 약물의 부작용은 환자가 약을 지속적으로 복용하기 어렵게 만들기도 한다. 대표적인 항정신병 약물의 부작용으로는 '지연성운동장애(tardive dyskinesia)'가 있다. 이것은 혀와 안면근육 움직임을 통제하는 데 심각한 장애가 생기는 것을 말한다.

그림 57이 보여주는 것처럼, 과거에 조현병 환자들을 치료하는 데 사용되었던 전통적인 항정신병 약물들은 조현병의 양성 증상(망상과 환각 등)과 음성 증상(무관심과 감정의 둔화 등)을 치료하는 데 그다지 효과가 크지 않았다.[34] 그에 비해 최근에 개발된 비전형적인 항정신병 약물들은 양성 증상과 음성 증상 모두를 치료하는 데 상대적으로 더 효과적이다.

정신과 의사들은 항정신병 약물★ 외에도 항우울제, 항불안제, 진정제, 정신자극제 등을 통해 다양한 이상행동에 대해 약물치료를 진행한다. 하지만 대부분의 '향정신성 약물★'은 졸음, 불면, 현기증, 체중 증가 등의 부

향정신성 약물 (psychoactive drug)과 항정신병 약물 (antipsychotic drug)

향정신성 약물은 인간의 중추신경계에 작용하는 약물로서 항우울제, 항불안제, 진정제, 정신자극제, 항정신병제 등이 포함됨.
이 중 항정신병제 즉 항정신병 약물은 특히 조현병과 같은 정신병적 장애를 치료하는 데 주로 사용됨.

작용을 동반한다.

이상행동을 치료할 때 약물치료 외에도 심리치료가 반드시 병행되어야 하는 이유로는 다음의 2가지를 들 수 있다. 첫째, ADHD 치료제인 리탈린이 보여주듯이, 향정신성 약물은 치료과정에서 부적응적인 증상을 줄여주는 데는 도움이 되지만 바람직한 행동을 증진하는 데는 한계가 있다. 둘째, 심리적인 장애가 있는 사람들의 경우 일차적으로 정신과적인 문제 증상을 없앰으로써 퇴원하거나 치료를 종결할 수 있도록 돕는 것도 중요하다. 하지만, 장기적으로는 이들이 사회에 잘 적응할 수 있도록 돕는 과정이 더 중요할 수 있다.

약물치료는 심리적 장애를 보이는 사람들이 하위 9퍼센트 수준의 정신건강 수준에서 벗어날 수 있도록 돕는 것을 목표로 한다. 이와 대조적으로 심리치료는 심리적 장애를 보이는 사람들이 그보다는 더 높은 수준의 정신건강을 보일 수 있도록 돕는 것을 목표로 한다. 이런 점에서 심리치료의 궁극적 목표는 심리적 장애로 고통받던 사람들이 정신적으로 건강한 사람으로 성장해 갈 수 있도록 돕는 것이라고 할 수 있다.

약물치료보다 부작용이 덜한 심리치료

앞서 살펴본 것처럼, 대부분의 정신장애에 대해서는 심리치료 없이 약물치료만 하는 것은 바람직하지 않다. 그렇다면 심리치료와 약물치료를 언제나 병행해야 하는 것일까? 혹시 약물치료 없이 심리치료 단독으로 치료를 진행하는 것은 어떨까?

강박장애 환자를 대상으로 심리치료와 약물치료의 효과를 비교한 연구 결과는 이러한 질문과 관련해서 중요한 시사점을 제공해 준다.[35] 이 연구에서는 122명의 성인 강박장애 환자를 네 집단으로 무작위로 나누었다. 첫 번째 집단은 위약 집단이었다. 두 번째 집단은 세로토닌 재흡수 억제제(SRI)를 활용한 약물치료 집단이었다. 세 번째 집단은 심리치료 집단이었다. 네 번째 집단은 심리치료와 약물치료를 병행한 집단이었다.

그 결과, 모든 치료 집단이 위약 집단보다는 치료 효과가 우수한 것으로 나타났다. 그보다 더 중요한 점은 심리치료 단독으로 진행하는 것이 약물치료만을 하는 것보다 더 효과적일 뿐만 아니라, 약물치료와 심리치료를 병행한 것만큼이나 효과적이었다는 것이다.

심리치료와 약물치료의 효과를 비교한 또 다른 연구에서는 이것과는 일부 다른 결과가 나타나기도 했다.[36] 이 연구에서는 312명의 공황장애 환자들을 다섯 집단으로 무작위로 나누었다. 그 집단은 약물치료 집단, 심리치료 집단, 위약 집단, 심리치료와 약물치료 병행 집단, 심리치료와 위약 병행 집단이었다. 그 결과, 치료가 진행된 집단은 위약 집단보다는 치료 효과가 더 큰 것으로 나타났다. 하지만 심리치료와 약물치료 병행 집단이 심리치료 혹은 약물치료를 단독으로 한 집단에 비해 치료 효과가 더 크지는 않았다.

두 연구 결과를 종합하면 다음과 같은 결론을 도출할 수 있다. 첫째, 심리치료와 약물치료를 결합하는 것이 하나만 활용하는 것보다 더 나은 결과를 낳는 것은 아니라는 점이다. 다시 말해서, 많은 것이 항상 좋은 것은 아닐 수 있다. 둘째, 심리치료는 약물치료와 유사한 수준의 치료 효과를 나타내거나 때로 더 나은 결과를 낳을 수 있다는 것이다.

여기서 주의해야 할 점은 약물치료 없이 심리치료만 단독으로 진행해서는 안 되는 정신장애가 존재한다는 것이다. 바로 조현병과 1형 양극성 장애 등이다. 하지만 심리치료가 약물치료와 비슷한 수준의 치료 효과를 나타내거나 더 높은 수준의 치료 효과를 보이는 동시에 심리치료와 약물치료를 병행한 것과 유사한 수준의 치료 효과를 나타낸다면, 심리치료 단독으로 사용하는 것을 충분히 고려해 볼 수 있다. 왜냐하면 심리치료에는 약물치료와 같은 부작용이 존재하지 않기 때문이다.

사이코패스도 심리치료를 받으면 변할 수 있을까?

〈크리미널 마인드〉 같은 미국의 범죄 드라마에는 사이코패스가 자주 등장한다. 사이코패스는 타인에 대한 공감이 결여된 상태에서 자신의 이익을 위해 타인을 조종하고 사회적 규범을 위반하면서도 양심의 가책이나 후회를 보이지 않는 사람들을 말한다.[37]

『DSM-5』에서는 이들을 반사회적 성격장애(APD)로 진단한다.[38] APD와 개인적인 이익을 목적으로 범죄를 저지르는 일은 서로 다른 것이다. 모든 범죄가 심리적 장애와 관계있는 것은 아니다.

APD는 반복적인 법규 위반과 거짓말에도 불구하고 양심의 가책을 느끼기는커녕 오히려 자신의 행동을 합리화하는 모습을 보인다. 이런 점을 고려한다면, APD를 대상으로 심리치료를 진행하는 것이 상당한 난제라는 점을 짐작할 수 있다. 외견상 APD에 대한 심리치료가 효과가 있는 것 같은 인상을 주는 경우에도 이후에 더 정밀하게 추적 조사를 해보면 실제로는 법적인 책임을 면하거나 경감받는 등의 현실적 이득을 위해 치료에 적극적으로 임하는 척하는 것으로 밝혀지기도 한다. 이러한 점 때문에 정신건강 전문가들은 APD의 경우 단기 심리치료가 아니라 특수한 치료시설 등에서 장기간 입원치료를 진행하는 것을 추천한다.

다만, 'APD 범죄자'와 'APD가 아닌 범죄자'가 형무소에 수감된 비율을 장기간에 걸쳐 추적 조사한 연구 결과에 따르면, APD에 대한 심리치료가 불가능한 것은 아닐 가능성을 보여준다.[39] 이 연구에서는 'APD 범죄자'와 'APD가 아닌 범죄자'가 16세에서 45세 사이에 걸쳐 5년 단위로 형무소에 수감된 비율을 조사했다. 즉, 첫 조사는 16세~20세 사이, 마지막 조사는 41세~45세 사이의 수감 여부에 대한 것이었다.

APD가 아닌 범죄자의 경우, 약 30년간 형무소에 수감되는 비율이 전반적으로 일정 수준을 유지하는 반면, APD 범죄자는 40세까지는 형무소에 수감되는 비율이 상대적으로 높은 수준을 유지하다가 그 이후에 급

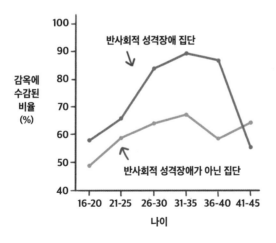

그림 58 반사회적 성격장애 집단과 아닌 집단의 수감 비율

격히 감소하는 것으로 나타났다. 이러한 결과는 APD의 경우에도 중년기 이후에 심리적 성숙의 효과가 어느 정도는 나타날 수 있음을 보여준다.

여전히 많은 심리적 장애가 미지의 영역으로 남아 있다. APD도 그 중 하나다. 다만, APD, 즉 사이코패스라는 단어의 어원은 그러한 심리적 장애를 이해할 수 있는 방향성을 제시해 준다. 근원적으로 사이코패스 (psychopaths)는 영혼(psyche)의 비애(pathos)와 깊은 관계가 있다는 점이다.

두려운 기억을 봉인한 채 난 외과 의사

우리가 문제를 해결하기 위해 사용하는 무의식적 책략인 방어기제는 실험적 연구 방법으로는 파악하기가 매우 어렵다. 무의식은 그 내용이 의식화되면 마음이 불편해지거나 견디기 어렵기 때문에 사람들이 억눌러서 의식의 수면 아래로 밀어 넣은 것을 말한다. 이것은 우리가 심리적으로 성숙해 가는 과정에서 다음의 두 단계를 거치게 된다는 의미이다.

첫째, 한때 우리는 자신의 머릿속에 있는 불편하지만 중요한 정보의 일부를 스스로는 기억해 내지 못한 채로 생활한다. 둘째, 일정 시간이 지난 후 더 이상 불편해할 필요가 없거나 두려움을 이겨낼 수 있을 만큼 심리적으로 성숙하면, 이전에는 좀처럼 기억해 낼 수 없었던 중요한 정보를 스스로 떠올릴 수 있게 된다. 이러한 변화 과정을 확인하는 데는 비교적 짧은 시간 동안 진행되는 실험보다는 임상적인 사례 관찰이 더 효과적이다.

이러한 문제와 관련해서 실존주의 심리치료의 거장이자 스탠퍼드 의과대학

정신의학과 명예교수인 어빈 얄롬(Irvin D. Yalom, 1931~)은 흥미로운 임상 사례를 소개한 적이 있다.[40] 어느 심장 전문 외과 의사의 사례다. 유대인이었던 그는 2차 세계대전 때 홀로코스트, 즉 유대인 대학살을 경험했다. 전쟁이 끝난 후 60년간 그의 삶에는 낮과 밤이 공존했다. 낮의 세계에서 그는 열정적인 심장 전문의로 생활했다. 하지만 그의 기억 저편에는 60년간 스스로도 빗장을 걸어 잠근 채로 묻어두었던 어둠의 세계가 있었다.

그가 기억의 문을 열 수 있게 된 것은 유럽으로 출장을 갔을 때 위험한 범죄 피해를 입을 뻔했던 사건과 관계가 있었다. 그는 위기에서 벗어나기 위해 현지 경찰에게 도움을 청했다. 얼마 후 그는 60년 전 홀로코스트가 진행 중일 때 자신이 헝가리 경찰의 도움을 받은 적이 있었다는 것을 떠올리게 되었다.

그는 열다섯 살이었을 때 길거리에서 나치에게 체포된 적이 있었다. 다행히 그는 헝가리 경찰의 도움으로 나치로부터 목숨을 구할 수 있었지만, 다른 유대인들이 목숨을 잃는 것을 무기력하게 지켜봐야 했다. 당시에 열다섯 살의 소년이 무장한 나치로부터 다른 유대인의 목숨을 구하기 위해 할 수 있는 일이라고는 사실상 아무것도 없었다. 하지만 그는 혼자 살아남은 것에 대해 죄책감을 가지고 있었고 이 두려운 기억을 무려 60년간이나 기억에서 봉인한 채로 살았다.

그가 죄책감을 경험하게 된 것은 당시에 그가 자신을 살리려는 노력만 했던 것과 관계가 있었다. 하지만 그가 이런 비극적인 사건을 더 이상 왜곡하지 않고 떠올릴 수 있을 만큼의 심리적인 힘을 갖추게 되었을 때, 비로소 그는 과거의 비극적인 사건과 관련된 기억의 봉인을 해제할 수 있었다. 이처럼 방어기제가 때로는 관찰자에게 이상해 보일지라도, 기본적으로 방어기제는 우리의 적응적인 노력을 반영하는 것이기도 하다.

이러한 예가 보여주는 것처럼, 때때로 우리는 실험 연구보다는 임상 사례를 통해 방어기제를 훨씬 더 잘 이해할 수 있게 되기도 한다. 그리고 심리치료의 선물은 우리가 심리적인 성숙을 통해 과거의 상처 경험으로부터 자유로워질 수 있도록 돕는 것이라고 할 수 있다.

청소년을 위한 심리학 입문서 ⑤

『치료의 선물』

어빈 D. 얄롬 지음, 최웅용 외 옮김, 시그마프레스, 2005.

이 책은 실존주의 심리치료의 거장이자 스탠퍼드 의과대학의 정신의학과 명예교수인 어빈 얄롬이 평생에 걸친 자신의 심리치료 경험을 진술한 기록으로 남긴 것이다. 이 책에는 그가 심리치료자로서 겪었던 성공과 실패, 그리고 자기고민이 특유의 통찰력 넘치는 교훈적 메시지와 함께 담겨있다. 기본적으로 이 책은 심리상담 전공자를 위해 집필된 것이지만, 심리학에 관심을 갖고 있는 모든 이들이 함께 살펴볼 만한 내용이 들어 있다.

내담자나 환자가 심리치료를 통해 좀 더 성숙하고 행복한 삶을 살기 위해 필요한 요소들로는 '자기를 이해하는 것' '자기를 수용하는 것' '자기를 개방하는 용기' 등을 꼽을 수 있다. 그런데 이러한 요소들은 사실 모든 인간이 자기 삶을 가치 있고 풍요롭게 이끌어가기 위해 필요한 것들이기도 하다. 저자가 수많은 내담자와 환자들의 고민을 해결하고 나아가 그들의 성장을 돕기 위해 사용해 왔던 창의적인 조언과 방법들은 '명불허전(名不虛傳)'이라는 말을 떠올리게 한다.

심리학자를 꿈꾸는 청소년들에게

이 책을 처음부터 끝까지 완독한 청소년이 있다면, 그 학생은 심리학에 대해서 단순한 흥미 이상의 관심을 갖고 있다고 할 수 있다. 이런 점에서 그러한 청소년에게는 대학교에서 심리학을 전공하는 것을 고려해 보라고 추천하고 싶다. 왜냐하면 이 책을 독파한 청소년은 심리학의 세계에 이미 성공적으로 첫발을 내디딘 셈이라고 할 수 있기 때문이다.

대학교에서 심리학을 전공하고자 하는 청소년이라면 꼭 한국심리학회의 인터넷 홈페이지를 방문해 볼 것을 권한다.[1] 인터넷 검색창에 '한국심리학회'라고 입력하거나 홈페이지 주소(www.koreanpsychology.or.kr)를 입력하면 쉽게 접속할 수 있다.

한국심리학회 홈페이지에는 심리학 관련 국내외 대학 정보가 제시되어 있을 뿐만 아니라, 임상심리 전문가와 상담심리 전문가 등 한국심리학회에서 발급하는 11개 전문자격증에 관한 소개도 나와있다. 특히, 심리학을 공부하고자 하는 청소년은 매년 8월에 개최되는 '청소년심리학교실'에 참석하는 것을 적극 추천한다. 한국심리학회의 연차학술대회 기간에 진행되는 청소년심리학교실은 미래의 심리학자를 꿈꾸는 청소년들을 위한 프로그램이다. 한국심리학회 홈페이지를 통해 신청할 수 있으며 참가비는 무료 혹은 1만 원 수준이다.

만약 미래의 심리학 전공자로서 이 책을 통한 입문 과정을 마치고 조금 더 깊이 있는 심리학 이론들을 탐색하고자 한다면, 이 책의 각 장 마지막에 소개하는 추천 도서들을 읽어보기 바란다. 그리고 이 책에서 개인적으로 흥미로운 심리학 이론이나 실험을 발견한 경우에는 '미주'에 나오는 참고문헌들을 직접 살펴보는 것도 도움이 될 것이다.

아마도 이 책을 완독한 청소년이라면, 심리학의 인기가 미래에는 시들해져서 심리학 전공자들이 힘들어질까 봐 심리학을 전공하는 것을 망설이는 일은 없을 것이다. 다만, 심리학을 공부하는 데 관심이 있지만, 혹시라도 자신의 적성이 심리학과 잘 안 맞을까 봐 걱정하는 청소년은 있을 수 있다. 그런 경우에도 그다지 염려할 필요는 없다. 왜냐하면 세상에 다양한 인간이 존재하는 것만큼이나 심리학 역시 기초와 응용에 걸쳐 다양한 세부 분야를 갖추고 있기 때문이다. 따라서 누구든 자신과 잘 맞는 심리학 세부 분야를 발견할 수 있다.

설사 심리학 공부를 하다가 다른 분야로 전공을 바꾸는 경우에도 심리학은 다른 학문에 비해 상대적으로 유리한 위치를 점하고 있다. 심리학은 허브 사이언스이기 때문이다. 심리학은 다양한 인접 학문들의 구심점 역할을 하기 때문에 다른 학문으로 진출하는 일종의 관문 역할을 할 수 있다. 다시 말해, 심리학은 다른 분야로 진출하는 데 매우 유리한 대표적인 학문이다.

모든 학문의 역사가 그러하듯이, 심리학 이론 역시 앞으로 계속해서 도전에 직면할 것이고 그에 따라 끊임없이 변화할 것이다. 하지만 분명한 점은 앞으로도 심리학 이론들은 인간이 과거보다 현재에, 그리고 현재보다 미래에 더 행복한 삶을 살 수 있도록 돕는 방향으로 전개될 것이다. 이런 점에서 청소년이 심리학을 공부함으로써 얻을 수 있는 최고의 선물 중 하나는 바로 '인생 사용법', 즉 인생을 성공적이고 행복하게 살아가는 방법을 배우게 되는 것이라고 할 수 있다.

하버드 대학교의 성인발달 연구가 보여주듯, 심리학은 청소년에게 장차 자신의 삶이 어떻게 펼쳐질지 이해할 안목을 제공해 줄 수 있다. 다시 말해서, 삶에서 '할 수 있는 것'과 '할 수 없는 것', 그리고 '기대할 수 있는 것'과 '기대할 수 없는 것' 등을 지혜롭게 구분할 수 있게 해준다. 부디 이 책이 심리학을 공부하는 청소년들에게 지적 호기심의 일부라도 해결할 수 있기를 바란다. 더불어 자신의 진로를 지혜롭게 개척해 나가는 동시에, 자신의 삶을 성공적이고 행복하게 이끌어나가는 첫걸음이 될 수 있기를 기원한다!

2023년 12월

고영건·김진영

미주

들어가는 글

1 Frey, C. B., & Osborne, M. A. (2013). 『*The Future of Employment: How susceptible are jobs to computerisation?*』. Machines and Employment Workshop. Oxford: University of Oxford.

2 Poundstone, W. (2015). "Can submarines swim?". www.edge.org/response~detail/26043.

3 이대열 (2017). 『지능의 탄생』. 바다출판사.

1장 심리학이란 무엇인가?

1 Boring, E. G. (1950). 『*A history of experimental psychology(2nd ed.)*』. New York: The Century Company.

2 Wundt, W. (1948). "Principles of physiological psychology, 1873. In W. Dennis (Ed.)". 《*Readings in the history of psychology*》(pp.248~250). New York: Appleton-Century-Crofts.

3 Schacter, D. L., Gilbert, D. T., Nock, M. K., & Wegner, D. M. (2019). 『*Psychology(5th Ed.)*』. New York: Worth Publishers. p.6.

4 Merenda, P. F. (1987). "Toward a four-factor theory of temperament and/or personality". 《*Journal of Personality Assessment*》 51(3). pp.367~374.

5 Fassler, J. (JANUARY 7, 2015). "Shakespeare: One of the first and greatest psychologists". 《*The Atlantic*》.

6 Glynn, Ian (2010). 『*Elegance in science*』. Oxford: Oxford University Press.

7 Fancher, R. E. (1979). 『*Pioneer of psychology*』. New York: Norton.

8 Sheehy, N. (2004). 『*Fifty key thinkers in psychology*』. London: Routledge.

9 en.wikipedia.org/wiki/Wilhelm_Wundt

10 Sheehy, N. (2004). 『*Fifty key thinkers in psychology*』. London: Routledge.

11 윌리엄 제임스 (2000). 『종교적 경험의 다양성』 (김재영 역). 한길사.

12 『*Life is in the Transitions: William James, 1842~1910*』. online exhibition from Houghton Library.

13 Sachs, O. (2008). 『*Musicophilia: Tales of music and the brain*』. New York: Vintage Books.

14 James, W. (1890). 『*The principles of psychology*』(Vol. 1 & 2). New York: Henry Holt and Company.

15 Perry, R. B. (1996). 『*The thought and character of William James: as revealed in unpublished correspondence and notes, together with his published writings*』(Vol. 1, inheritance and vocation; Vol. 2, Philosophy and psychology). Boston: Little, Brown. p.228.

16 Hrdy, S. B. (1999). 『*Mother nature: Maternal instincts and how they shape the human species*』. New York: Ballantine. p.384.

17 고영건 (2019). 『사람의 향기: 좋은 것은 사라지지 않는다』. 박영스토리.

18 Darwin, C. (1887). Barlow, Nora (ed.) 1958. 『*The autobiography of Charles Darwin 1809~1882*』. With the original omissions restored. Edited and with appendix and notes by his grand~daughter Nora Barlow. London: Collins. p.30.

19 Darwin, C. (1887). Barlow, Nora (ed.) 1958. 『*The autobiography of Charles Darwin 1809~1882*』. With the original omissions restored. Edited and with appendix and notes by his grand~daughter Nora Barlow. London: Collins. pp.96~97.

20 James, W. (1890). 『*The principles of psychology*』(Vol. 1 & 2). New York: Henry Holt and Company.

21 Schacter, D. L., Gilbert, D. T., Nock, M. K., & Wegner, D. M. (2019). 『*Psychology(5th Ed.)*』. New York: Worth Publishers.

22 윌리엄 제임스 (2000). 『종교적 경험의 다양성』 (김재영 역). 한길사.

23 《*Time*》 (April 30, 2009). "The 2009 TIME 100: Paul Ekman, Scientists & Thinkers."

24 Ekman, P. (2001). 『*Telling lies : clues to deceit in the marketplace, politics, and marriage*』. New York: W.W. Norton.

25 Hertenstein, M. (2015). 『*The tell: The little clues that reveal big truths about who we are*』. New York: Basic Books.

26 Schacter, D. L., Gilbert, D. T., Nock, M. K., & Wegner, D. M. (2019). 『*Psychology(5th Ed.)*』. New York: Worth Publishers.

27 대니얼 카너먼 (2012). 『생각에 관한 생각』 (이진원 역). 김영사.

28 비난트 폰 페터스도르프 외 (2015). 『사고의 오류: 독일을 대표하는 경제전문가 11인이 행동경제학으로 풀어본 선택의 심리학』 (박병화 역). 율리시즈.

29 폴 블룸 (2006). 『데카르트의 아기: 아기한테 인간의 본성을 묻다』 (곽미경 역). 소소.

30 대니얼 데닛 (2013). 『의식의 수수께끼를 풀다』 (유자화 역). 옥당.

31 Lokhorst, G. J. (2018). Descartes and the pineal gland In Zalta E. N. (Ed.), 『*The Stanford Encyclopedia of Philosophy(Winter 2018 ed.)*』. Stanford, CA: Center for the Study of Language and Information, Stanford University.

32 미치오 카쿠 (2015). 『마음의 미래: 인간은 마음을 지배할 수 있는가』 (박병철 역). 김영사.

33 Boyack, K., Klavans, R. & Borner, K. (2005). "Mapping the backbone of science". 《*Scientometrics*》 64. pp.351~374.

34 Burrelli, J. (2008). 『*Thirty~three years of women in S&E faculty positions*』 (NSF Report 08~308).

35 Schacter, D. L., Gilbert, D. T., & Wegner, D. M. (2009). 『*Psychology(2th Ed.)*』. New

York: Worth Publishers. p.34.

36 psy.korea.ac.kr/Education/Career

37 Dyer, F. L., & Martin, T. C. (2001). 『*Edison: His life and invention(vol 2)*』. Honolulu: University Press of the Pacific. p.616. (reprinted from the 1910 edition).

38 Tracy, J. L., Matsumoto, D. (2008). "The spontaneous expression of pride and shame: Evidence for biologically innate nonverbal displays". 《*Proceedings of the National Academy of Sciences*》105(33). pp.11655~11660.

39 템플 그랜딘, 리처드 파넥 (2015). 『나의 뇌는 특별하다: 템플 그랜딘의 자폐성 뇌 이야기』 (홍한별 역). 양철북.

40 《*Time*》 (July 25, 1960). "Medicine: The child is father".

41 대니얼 길버트 (2006). 『행복에 걸려 비틀거리다』 (서은국, 최인철, 김미정 역). 김영사.

42 Cohen, S., Tyrrell, D. A. J., Smith, A. P. (1991). "Psychological stress and susceptibility to the common cold". 《*The New England Journal of Medicine*》 325. pp.606~612.

43 Cohen, S., Doyle, W. J., Turner, R. B., Alper, C, M., & Skoner, D. P. (2003). "Emotional style and susceptibility to the common cold". 《*Psychosomatic Medicine*》 65. pp.652~657.

44 Darley, J. M., & Latane, B. (1968). "Bystander intervention in emergencies: Diffusion of responsibility". 《*Journal of Personality and Social Psychology*》 8(4, Pt.1). pp.377~383.

45 Vaillant, G. E. (2012). 『*Triumphs of experience: The men of the Havard Grant Study*』. Cambridge, MA: Harvard University Press.

2장 정서·인지·행동의 비밀을 찾아서

1 www.forbes.com/quotes/9059/

2 Schacter, D. L., Gilbert, D. T., Nock, M. K., & Wegner, D. M. (2019). 『*Psychology(5th Ed.)*』. New York: Worth Publishers. p.246.

3 대니얼 길버트 (2006). 『행복에 걸려 비틀거리다』 (서은국, 최인철, 김미정 역). 김영사.

4 대니얼 길버트 (2006). 『행복에 걸려 비틀거리다』 (서은국, 최인철, 김미정 역). 김영사.

5 Schacter, Daniel L. (2001). 『*The seven sins of memory: How the mind forgets and remembers*』. New York: Houghton Mifflin Harcourt. p.92.

6 Schacter, D. L., Gilbert, D. T., Nock, M. K., & Wegner, D. M. (2019). 『*Psychology(5th Ed.)*』. New York: Worth Publishers. p.249.

7 미치오 카쿠 (2015). 『마음의 미래: 인간은 마음을 지배할 수 있는가』 (박병철 역). 김영사.

8 존 바그 (2019). 『우리가 모르는 사이에: 인생을 다시 설계하는 무의식의 힘』 (문희경 역). 청림출판.

9 미치오 카쿠 (2015). 『마음의 미래: 인간은 마음을 지배할 수 있는가』 (박병철 역). 김영사.

10 존 바그 (2019). 『우리가 모르는 사이에: 인생을 다시 설계하는 무의식의 힘』 (문희경

역). 청림출판.

11 미치오 카쿠 (2015). 『마음의 미래: 인간은 마음을 지배할 수 있는가』 (박병철 역). 김영사.

12 O'Barr, W. M. (2005). "Subliminal advertising". 《Advertising & Society Review》 6(4).

13 Bargh, J. A., & Chartrand, T. L. (2000). "The mind in the middle: A practical guide to priming and automaticity research. In H. Reis & C. Judd (Eds.)". 《Handbook of research methods in social and personality psychology》. pp.253~285. New York: Cambridge University Press.

14 Karremans, J. C., Stroebe, W., & Claus, J. (2006). "Beyond Vicary's fantasies: The impact of subliminal priming and brand choice". 《Journal of Experimental Social Psychology》 42. pp.792~798.

15 Greenwald, A. G. (1992). "New Look 3: Unconscious cognition reclaimed". 《American Psychologist》 47(6). pp.766~779.

16 Schacter, D. L., Gilbert, D. T., Nock, M. K., & Wegner, D. M. (2019). 『Psychology(5th Ed.)』. New York: Worth Publishers. p.190.

17 Schacter, D. L., Gilbert, D. T., Nock, M. K., & Wegner, D. M. (2019). 『Psychology(5th Ed.)』. New York: Worth Publishers. pp.188~189.

18 Grison, S., & Gazzaniga, M. (2018). 『Psychology in your life(3rd ed.)』. New York: W. W. Norton & Company. p.103.

19 Ellman, S. J., Spielman, A. J., Luck, D., Steiner, S. S., & Halperin, R. (1991). "REM deprivation: A review. In S. J. Ellman & J. S. Antrobus (Eds.)". 《The mind in sleep: Psychology and psychophysiology》. pp.329~376. John Wiley & Sons.

20 Grison, S., & Gazzaniga, M. (2018). 『Psychology in your life(3rd ed.)』. New York: W. W. Norton & Company. p.107.

21 Schacter, D. L., Gilbert, D. T., Nock, M. K., & Wegner, D. M. (2019). 『Psychology(5th Ed.)』. New York: Worth Publishers. p.209.

22 Schacter, D. L., Gilbert, D. T., Nock, M. K., & Wegner, D. M. (2019). 『Psychology(5th Ed.)』. New York: Worth Publishers. p.210.

23 Stern, J. A., Brown, M., Ulett, G. A., & Sletten, J. A. (1977). "A comparison of hypnosis, acupuncture, morphine, valium, aspirin, and placebo in the management of experimentally induced pain". 《Annals of the New York Academy of Sciences》 296. pp.175~193.

24 Grison, S., & Gazzaniga, M. (2018). 『Psychology in your life(3rd ed.)』. New York: W. W. Norton & Company. p.112.

25 Woolf, V. (2007). 『The Selected Works of Virginia Woolf』. London: Wordsworth Editions Ltd. p.70.

26 대커 켈트너, 키이스 오트리, 제니퍼 M. 젠킨스 (2021). 『정서의 이해』 (김현택 역). 학지사.

27 대커 켈트너, 키이스 오트리, 제니퍼 M. 젠킨스 (2021). 『정서의 이해』 (김현택 역). 학지사.

28 폴 에크만 (2006). 『얼굴의 심리학』 (이민아 역). 바다출판사.

29 Grison, S., & Gazzaniga, M. (2018). 『*Psychology in your life(3rd ed.)*』. New York: W. W. Norton & Company. pp.356~357.

30 Schacter, D. L., Gilbert, D. T., Nock, M. K., & Wegner, D. M. (2019). 『*Psychology(5th Ed.)*』. New York: Worth Publishers. pp.318~319.

31 대커 켈트너 (2011). 『선의 탄생』 (하윤숙 역). 옥당.

32 대커 켈트너 (2011). 『선의 탄생』 (하윤숙 역). 옥당.

33 Harrigan, P. J. (2001). "Church, state, and education in France from the Falloux to the Ferry Laws: A Reassessment". 《*Canadian Journal of History*》 36(1). pp.51~83.

34 Wolf, T. H. (1969). "The emergence of Binet's conception and measurement of intelligence: a case history of the creative process". 《*Journal of the History of the Behavioral Sciences*》 5(2). pp.113~134.

35 Terman, L. M. (1916). 『*The measurement of intelligence: An explanation of and a complete guide for the use of the Stanford revision and extension of the Binet-Simon Intelligence Scale*』. Boston: Houghton Mifflin.

36 Kaufman, A. S., & Lichtenberger, E. (2006). 『*Assessing adolescent and adult Intelligence(3rd ed.)*』. Hoboken (NJ): Wiley.

37 Wechsler, D. (2014). 『*Wechsler intelligence scale for children-fifth edition*』. Bloomington, MN: Pearson.

38 Plomin, R., & Spinath, F. M. (2004). "Intelligence: Genetics, Genes, and Genomics". 《*Journal of Personality and Social Psychology*》 86(1). pp.112~129.

39 Schacter, D. L., Gilbert, D. T., Nock, M. K., & Wegner, D. M. (2019). 『*Psychology(5th Ed.)*』. New York: Worth Publishers. pp.405~414.

40 Jensen, A. R. (1998). 『*The g factor: The science of mental ability*』. Westport, CT: Praeger Publishers. pp.49~50.

41 Schacter, D. L., Gilbert, D. T., Nock, M. K., & Wegner, D. M. (2019). 『*Psychology(5th Ed.)*』. New York: Worth Publishers. pp.393~423.

42 데이비드 롭슨 (2020). 『지능의 함정: 똑똑한 당신이 어리석은 실수를 하는 이유와 지혜의 기술』 (이창신 역). 김영사.

43 데이비드 롭슨 (2020). 『지능의 함정: 똑똑한 당신이 어리석은 실수를 하는 이유와 지혜의 기술』 (이창신 역). 김영사.

44 Salovey, P. (1996). 『*Emotional intelligence: Another way to be smart?*』. Korea Institute of Social Psychiatry & Samsung Life Insurance Company.

45 Salovey, P., & Mayer, J. D. (1990). "Emotional Intelligence". 《*Imagination, Cognition, and Personality*》 9(3). pp.185~211.

46 Mayer, J. D., & Salovey, P. (1997). "What is Emotional intelligence? In P. Salovey, M. Brackett, & J. D. Mayer (Eds.)". 《*Emotional intelligence*》. pp.29~59. Port Chester, NY: National Professional Resources, Inc.

47 토머스 길로비치, 리 로스 (2018). 『이 방에서 가장 지혜로운 사람』 (이경식 역). 한경BP.

48 데이비드 롭슨 (2020). 『지능의 함정: 똑똑한 당신이 어리석은 실수를 하는 이유와 지혜의 기술』 (이창신 역). 김영사.

49 MacCann, C., Jiang, Y., Brown, L. E. R., Double, K. S., Bucich, M., & Minbashian, A. (2020). "Emotional intelligence predicts academic performance: A meta-analysis". 《Psychological Bulletin》 146(2). pp.150~186.

50 Maurer, M., Brackett, M. A., & Plain, F. (2004). *Emotional literacy in the middle school: A 6-step program to promote social emotional and academic learning*. Port Chester, NY: National Professional Resources/Dude Publishing.

51 Brackett, M. A., Rivers, S. E., Shiffman, S., Lerner, N., & Salovey, P. (2006). "Relating emotional abilities to social functioning: A comparison of self-report and performance measures of emotional intelligence". 《Journal of Personality and Social Psychology》 91(4). pp.780~795.

52 Dabke, D. (2016). "Impact of leader's emotional intelligence and transformational behavior on perceived leadership effectiveness: A multiple source view". 《Business Perspectives and Research》 4(1). pp.27~40.

53 Schutte, N. S., Malouff, J. M., Thorsteinsson, E. B., Bhullar, N., & Rooke, S. E. (2007, April). "A meta~analytic investigation of the relationship between emotional intelligence and health". 《Personality and Individual Differences》 42(6). pp.921~33.

54 대니얼 카너먼 (2012). 『생각에 관한 생각』 (이진원 역). 김영사.

3장 나와 남의 성격 이해하기

1 지그문트 프로이드 (2020). 『정신분석 강의』 (임홍빈, 홍혜경 역). 열린책들.

2 KBS (2006년 1월 29일). 특별기획 다큐멘터리 〈마음〉 제3편.

3 지그문트 프로이트 (1997). 『나의 이력서』 (한승완 역). 열린책들.

4 이부영 (1998). 『분석심리학: C. G. Jung의 인간심성론』. 일조각.

5 폴 에크만 (2006). 『얼굴의 심리학』 (이민아 역). 바다출판사.

6 SBS (2013년 12월 18일). 〈별에서 온 그대〉 1부.

7 에릭 에릭슨, 칼 구스타프 융 (1997). 『현대의 신화 아이덴티티』 (이부영, 조대경 역). 삼성출판사.

8 프랭크 샐러베이 (2008). 『타고난 반항아: 출생 순서, 가족 관계, 그리고 창조성』 (정병선 역). 사이언스북스.

9 "Presentation Speech by Professor the Count K. A. H. Morner, Rector of the Royal Caroline Institute", on December 10, 1904.

10 Hsieh, P.H. (2011). "Classical Conditioning. In: Goldstein, S., Naglieri, J. A. (eds)". 《Encyclopedia of Child Behavior and Development》. pp.366~367. Boston, MA: Springer.

11 Watson, J. B. (1958). 『Behaviorism』. Chicago: University of Chicago Press. p.82.

12 Beck, H. P., Levinson, S., & Irons, G. (2009). "Finding Little Albert: A journey to John B. Watson's infant laboratory". 《American Psychologist》 64(7). pp.605~614.

13 Powell, R. A., Digdon, N., Harris, B., & Smithson, C. (2014). "Correcting the record on Watson, Rayner, and Little Albert: Albert Barger as "Psychology's lost boy"". 《American Psychologist》 69(6). pp.600~611.

14 Skinner, B. F. (1971). 『Beyond freedom and dignity』. New York: Knopf/Random House. p.15.

15 《Guardian》 (Aug 31, 2005). "'Sexist' BBC show leaves viewers barking mad".

16 Bandura, A. (1976). 『Social Learning Theory』. New Jersey: Prentice-Hall.

17 Bandura, A. (1997). 『Self-efficacy: the exercise of control』. New York: W.H. Freeman.

18 Maslow, A. H. (1970). 『Motivation and personality』. New York: Harper & Row.

19 「고린도전서」 13장.

20 Maslow, A. (1962). 『Toward a psychology of being』. London: D Van Nostrand.

21 고영건, 안창일 (2007). 『심리학적인 연금술』. 시그마프레스.

22 Rogers, C. (1957). "The necessary and sufficient conditions of therapeutic personality change". 《The Journal of Consulting Psychology》 21. pp.95~103.

23 Vaillant, G. E. (1977). 『Adaptation to Life』. Cambridge, MA: Harvard University Press. pp.175~180.

24 어빈 D. 얄롬 (2008). 『보다 냉정하게 보다 용기있게』 (이혜성 역). 시그마프레스.

25 Ryckman, R. M. (2013). 『성격심리학』 (장문선 외 공역). 박학사.

26 Greenberg, J., Pyszczynski, T., Solomon, S., Simon, L., & Breus, M. (1994). "Role of consciousness and accessibility of death~related thoughts in mortality salience effects". 《Journal of Personality and Social Psychology》 67(4). pp.627~637.

27 Ryckman, R. M. (2013). 『성격심리학』 (장문선 외 공역). 박학사.

28 Schacter, D. L., Gilbert, D. T., Nock, M. K., & Wegner, D. M. (2019). 『Psychology(5th Ed.)』. New York: Worth Publishers. p.472.

29 Ryckman, R. M. (2013). 『성격심리학』 (장문선 외 공역). 박학사.

30 Ryckman, R. M. (2013). 『성격심리학』 (장문선 외 공역). 박학사.

31 Grison, S., & Gazzaniga, M. (2018). 『Psychology in your life(3rd ed.)』. New York: W. W. Norton & Company. pp.524~539.

32 Grison, S., & Gazzaniga, M. (2018). 『Psychology in your life(3rd ed.)』. New York: W. W. Norton & Company. p.536.

33 Greene, R. L. (1991). 『The MMPI-2/MMPI: An interpretative manual』. Boston: Allyn and Bacon.

34 한경희, 임지영, 김중술, 민병배, 이정흠, 문경주 (2017). 『다면적 인성검사-청소년용 매뉴얼 개정판 MMPI-A』. 마음사랑.

35 Weiner, I. B. (1998). 『Principles of Rorschach interpretation』. New Jersey: Lawrence Erlbaum Associates.

36 하은혜, 박영숙, 박기환, 김은주, 오현숙, 이순묵, 최윤경 (2010). 『아동, 청소년, 성인대상 최신 심리평가』. 하나의학사.

37 Buck, J. N. (1948). "The H-T-P technique; a qualitative and quantitative scoring manual". 《Journal of Clinical Psychology》 4. pp.317~396.

38 미하이 칙센트미하이 (2021). 『몰입의 즐거움』 (이희재 역). 해냄출판사.

4장 인간은 사회적 동물

1 로렌 슬레이터 (2005). 『스키너의 심리상자 열기』 (조중열 역). 에코의서재.

2 Bowlby, J. (1969/1982). 『Attachment and loss: Attachment』. New York: Basic Books.

3 Ainsworth, M. (1979). "Infant~mother attachment". 《American Psychologist》 34. pp.932~937.

4 Vaillant, G. E. (2012). 『Triumphs of experience: The men of the Havard Grant Study』. Cambridge, MA: Harvard University Press.

5 데이비드 리빙스턴 스미스 (2007). 『거짓말쟁이는 행복하다』 (진성록 역). 부글.

6 댄 애리얼리 (2012). 『거짓말하는 착한 사람들: 우리는 왜 부정행위에 끌리는가』 (이경식 역). 청림출판.

7 Schacter, D. L., Gilbert, D. T., Nock, M. K., & Wegner, D. M. (2019). 『Psychology(5th Ed.)』. New York: Worth Publishers. pp.529~531.

8 Grison, S., & Gazzaniga, M. (2018). 『Psychology in your life(3rd ed.)』. New York: W. W. Norton & Company. pp.466~467.

9 Schacter, D. L., Gilbert, D. T., Nock, M. K., & Wegner, D. M. (2019). 『Psychology(5th Ed.)』. New York: Worth Publishers. pp.529~530.

10 Grison, S., & Gazzaniga, M. (2018). 『Psychology in your life(3rd ed.)』. New York: W. W. Norton & Company. pp.477~478.

11 Schacter, D. L., Gilbert, D. T., Nock, M. K., & Wegner, D. M. (2019). 『Psychology(5th Ed.)』. New York: Worth Publishers. pp.539~540.

12 Buchholz, W. M. (1988). The medical uses of hope. 《Western Journal of Medicine》 148(1). 69.

13 Grison, S., & Gazzaniga, M. (2018). 『Psychology in your life(3rd ed.)』. New York: W. W. Norton & Company. pp.489~490.

14 Grison, S., & Gazzaniga, M. (2018). 『Psychology in your life(3rd ed.)』. New York: W. W. Norton & Company. pp.481~486.

15 Asch, S. E. (1955). "Opinions and social pressure". 《Scientific American》 193(5). pp.31~35.

16 Milgram, S. (1963). "Behavioral study of obedience". 《Journal of Abnormal and Social Psychology》 67(4). pp.371~378.

17 Festinger, L., Riecken, H. W., & Schachter, S. (1956). 『When prophecy fails』.

Minneapolis, MN: University of Minnesota Press.

18 Festinger, L., & Carlsmith, J. M. (1959). "Cognitive consequences of forced compliance". 《The Journal of Abnormal and Social Psychology》 58(2). pp.203~210.

19 앤서니, G. 그린월드, 마자린, R. 바나지 (2014). 『마인드버그: 공정한 판단을 방해하는 내 안의 숨겨진 편향들』 (박인균 역). 추수밭.

20 필립 짐바르도 (2007). 『루시퍼 이펙트: 무엇이 선량한 사람을 악하게 만드는가』 (이충호, 임지원 역). 웅진지식하우스.

21 데이비드 이글먼 (2011). 『인코그니토: 나라고 말하는 나는 누구인가』 (김소희 역). 쌤앤파커스.

22 니컬러스 A. 크리스태키스, 제임스 파울러 (2010). 『행복은 전염된다: 하버드대가 의학과 과학으로 증명해낸 인간관계의 비밀』 (이충호 역). 김영사.

23 Fowler, J. H., & Christakis, N. A. (2008). "Dynamic spread of happiness in a large social network: Longitudinal analysis over 20 years in the Framingham Heart Study". 《British Medical Journal》 337. pp.1~9.

24 Liberman, V., Anderson, N. R., & Ross, L. (2010). "Achieving difficult agreements: Effects of Positive Expectations on negotiation processes and outcomes". 《Journal of Experimental Social Psychology》 46(3). pp.494~504.

25 리처드 니스벳 (2004). 『생각의 지도』 (최인철 역). 김영사.

5장 마음과 행동에 치료가 필요할 때

1 《한국교육신문》 (2020년 10월 7일). "자살위험군 학생 2.5배 늘고, 정신질환 진료 42퍼센트 늘어".

2 Ronald J. Comer (2013). 『이상심리학 원론』 (오경자 등 역). 시그마프레스.

3 Ronald J. Comer (2013). 『이상심리학 원론』 (오경자 등 역). 시그마프레스.

4 Ronald J. Comer (2013). 『이상심리학 원론』 (오경자 등 역). 시그마프레스.

5 보건복지부 (2021). "2021년 정신건강실태조사".

6 www.snuh.org/board/B003/view.do?bbs_no=4593

7 Ronald J. Comer (2013). 『이상심리학 원론』 (오경자 등 역). 시그마프레스.

8 American Psychiatric Association. (2022). 『Diagnostic and statistical manual of mental disorders(5th ed.)』 text revision. Arlington, VA: American Psychiatric Association.

9 Ronald J. Comer (2013). 『이상심리학 원론』 (오경자 등 역). 시그마프레스.

10 Ronald J. Comer (2013). 『이상심리학 원론』 (오경자 등 역). 시그마프레스.

11 이현수, 정유란, 유태영, 이주연, 이수인, 김재민, 윤진상, 김성완 (2017). 조현병 환자의 아동기 외상 경험에 따른 정신병리 및 임상적 특성. 《Korean Journal of Schizophrenia Research》 20(2). pp.37~43.

12 Kim A. M. (2019). "Crimes by people with schizophrenia in Korea: comparison with the general population". 《BMC Psychiatry》 19. p.377.

13 한스 로슬링, 올라 로슬링, 안나 로슬링 뢴룬드 (2019). 『팩트풀니스』 (이창신 역). 김영사.

14 《조선일보》 (2005년 8월 17일). "[공항칵테일] 자동차 사고와 비행기 사고의 확률은?".

15 한스 로슬링, 올라 로슬링, 안나 로슬링 뢴룬드 (2019). 『팩트풀니스』 (이창신 역). 김영사.

16 《미주중앙일보》 (2021년 7월 30일). "정신병력 이유로 무죄, 케이스마다 다른 이유".

17 Short T. B. R., Thomas, S., Luebbers, S., Mullen, P., & Ogloff, J. R. P. (2013). "A case-linkage study of crime victimisation in schizophrenia-spectrum disorders over a period of deinstitutionalisation". 《BMC Psychiatry》 13. p.66.

18 Grison, S., & Gazzaniga, M. (2018). 『Psychology in your life(3rd ed.)』. New York: W. W. Norton & Company. pp.546~549.

19 Grison, S., & Gazzaniga, M. (2018). 『Psychology in your life(3rd ed.)』. New York: W. W. Norton & Company. p.564.

20 American Psychiatric Association. (2022). 『Diagnostic and statistical manual of mental disorders(5th ed.)』 text revision. Arlington, VA: American Psychiatric Association.

21 Schacter, D. L., Gilbert, D. T., Nock, M. K., & Wegner, D. M. (2019). 『Psychology(5th Ed.)』. New York: Worth Publishers. p.607.

22 American Psychiatric Association. (2022). 『Diagnostic and statistical manual of mental disorders(5th ed.)』 text revision. Arlington, VA: American Psychiatric Association. p.197.

23 American Psychiatric Association. (2022). 『Diagnostic and statistical manual of mental disorders(5th ed.)』 text revision. Arlington, VA: American Psychiatric Association. p.208.

24 American Psychiatric Association. (2022). 『Diagnostic and statistical manual of mental disorders(5th ed.)』 text revision. Arlington, VA: American Psychiatric Association. p.237.

25 American Psychiatric Association. (2022). 『Diagnostic and statistical manual of mental disorders(5th ed.)』 text revision. Arlington, VA: American Psychiatric Association. pp 271~272.

26 Gilbertson, M. W., Shenton, M. E., Ciszewski, A., Kasai, K., Lasko, N. B., Orr, S. P., & Pitman, R. K. (2002). "Smaller hippocampal volume predicts pathologic vulnerability to psychological trauma". 《Nature Neuroscience》 5(11). pp.1242~1247.

27 American Psychiatric Association. (2022). 『Diagnostic and statistical manual of mental disorders(5th ed.)』 text revision. Arlington, VA: American Psychiatric Association. p.50.

28 윌리엄 이케스 (2008). 『마음 읽기』 (권석만 역). 푸른숲.

29 Schacter, D. L., Gilbert, D. T., Nock, M. K., & Wegner, D. M. (2019). 『Psychology(5th Ed.)』. New York: Worth Publishers. p.617.

30 American Psychiatric Association. (2022). 『Diagnostic and statistical manual of

mental disorders(5th ed.)』 text revision. Arlington, VA: American Psychiatric Association. pp.59~60.

31 《조선일보》(2019년 10월 15일). "공부 잘하는 약? ADHD치료제, 부작용에도 과다 처방".

32 American Psychiatric Association. (2022). 『Diagnostic and statistical manual of mental disorders(5th ed.)』 text revision. Arlington, VA: American Psychiatric Association. pp.469~475.

33 《중앙일보》(2022년 6월 9일). "촉법소년 강력범죄 63퍼센트가 13세…한동훈 "연령 빨리 낮춰라"".

34 Grison, S., & Gazzaniga, M. (2018). 『Psychology in your life(3rd ed.)』. New York: W. W. Norton & Company. pp.618~620.

35 Foa, E. B. et al. (2005). "Randomized, placebo-controlled trial of exposure and ritual prevention, clomipramine, and their combination in the treatment of obsessive-compulsive disorder". 《American Journal of Psychiatry》 162(1). pp.151~161.

36 Barlow, D. H., Gorman, J. M., Shear, M. K., & Woods, S. W. (2000). "Cognitive-behavioral therapy, imipramine, or their combination for panic disorder: A randomized controlled trial". 《JAMA: Journal of the American Medical Association》 283(19). pp.2529~2536.

37 Hare, R. D. (1999). 『Without conscience: The disturbing world of the psychopaths among Us』. New York: Guilford Press.

38 American Psychiatric Association. (2022). 『Diagnostic and statistical manual of mental disorders(5th ed.)』 text revision. Arlington, VA: American Psychiatric Association. pp.748~752.

39 Hare, R. D., McPherson, L. M., & Forth, A. E. (1988). "Male psychopaths and their criminal careers". 《Journal of Consulting and Clinical Psychology》 56(5). pp.710~714.

40 Irvin D. Yalom (2005). 『치료의 선물』 (최웅용 외 공역). 시그마프레스.

나오는 글

1 www.koreanpsychology.or.kr/user/index.asp

청소년을 위한 심리학 에세이

초판 1쇄 2023년 12월 8일

지은이 | 고영건·김진영
펴낸이 | 송영석

주간 | 이혜진
편집장 | 박신애 **기획편집** | 최예은·조아혜
디자인 | 박윤정·유보람
마케팅 | 김유종·한승민
관리 | 송우석·전지연·채경민

펴낸곳 | (株)해냄출판사
등록번호 | 제10-229호
등록일자 | 1988년 5월 11일(설립일자 | 1983년 6월 24일)

04042 서울시 마포구 잔다리로 30 해냄빌딩 5·6층
대표전화 | 326-1600 **팩스** | 326-1624
홈페이지 | www.hainaim.com

ISBN 979-11-6714-076-0